Endorsements（读者推荐）

"It's interesting!"
— **Ellen Langer, the "mother of mindfulness"**
Professor of Psychology
Harvard University
（美国哈佛大学心理学教授，"正念之母"，艾伦·兰格）

"I enjoyed the book. It's a very interesting perspective on meditation. It feels nicely scientific and concrete. And it introduces plausible theories about the relation between meditation and sleep. I really like that this book just gets to the point, no fooling around."
— **Steven Sloman, Professor**
Cognitive, Linguistic & Psychological Sciences
Brown University
（美国布朗大学认知语言心理学教授，史蒂芬·斯罗曼）

"It is such an interesting emerging area, and the way it brought freshness and depth to several areas – for example, sleep and levels of awareness – was really interesting."
— **Willem Kuyken, Professor**
Mindfulness and Psychological Science
University of Oxford
（英国牛津大学正念与心理学教授，威廉·库肯）

"The book is clearly written and it has many insights. It is suitable for many audiences."
— **John M Kennedy, Professor**
Department of Psychology
University of Toronto
（加拿大多伦多大学心理学教授，约翰·肯尼迪）

Endorsements（读者推荐）

"It was a very enjoyable read. I am very impressed by the maturity of thought and quality of research. The book can have a large impact."

— Kumud Srinivasan, VP & GM
Manufacturing-&-Operations Automation
Intel Corporation
（美国英特尔公司副总裁，克穆德·斯瑞尼瓦珊）

"The book is short, informative, to the point, easy to follow for everyone. I recommend it."

— Gyuszi Suto, author of *I Tried*
Founder of Intel Karate Club
Intel Corporation
（美国英特尔公司空手道俱乐部创始人，朱希·苏托）

"The book has enlightened me about the profound connection between meditation and eastern thought and wisdom. I now have a greater understanding and appreciation for meditation as a powerful tool for personal growth and development."

— Lydia Zhang
President & Co-Founder
Ridge Security Technology Inc.
（美国瑞捷网络安全技术公司总裁及创始人，凌龄·张）

冥想的科学

夏维山

谨以此书献给我的父母

杜艳华女士

夏业骏先生

Know thyself.

— Socrates

认识你自己。

— 苏格拉底

目录

序言   1

第一章 清醒的睡眠   7

第二章 无为的世界   21

第三章 大脑的游戏   33

第四章 情绪的空间   45

第五章 睡觉的能力   61

第六章 一千个小时   77

第七章 静止与运动   91

第八章 东方的智慧   103

第九章 究竟的法门   115

第十章 技巧与诀窍   129

附录 冥想的科学演讲   145

*Truth is the daughter of time,
not of authority.*

— Francis Bacon

真理是时间的产物，
而不是权威的产物。

— 培根

序言

自从学习冥想以来，我开始陆续写下一些小文章用以记录本人的体验与发现。然而，随着我对冥想的认识不断加深，我逐渐发觉其实体验是非常个人化的东西，也就是说，每个人的冥想体验都可能不同。不过，有一样东西却是永恒不变的，是不因人而异的，那就是冥想的生物学本质，这也正是我试图发现的全部内容。现在，我就把我的这些粗浅的"发现"汇集成一个小册子，供大家交流参考，批评指正。

注意，这本小册子的主旨在于讨论冥想的科学本质，并不在于教导冥想的具体方法。不过，如果你真的理解了冥想的本质，那么你就会对各种各样的冥想方法有一个更加清晰的认识;你就知道为什么会有这么多看似不同的冥想方法,以及它们之间是否存在某种内在的共通之处;你也就会明白哪种方法更"好",或者说更适合你;你还会明白冥想到底会给我们带来哪些益处,以及为什么会带来这些益处;等等一系列问题的答案。

另外,本文的主旨在于讨论冥想的生物学本质,并不在于讨论由冥想衍生出来的哲学以及宗教话题。这是因为,就像冥想的体验是非常个人化的东西一样,由冥想所引发的哲学思考和宗教感悟也是五花八门,因人而异的。更主要的是,在我看来,这些思考与感悟之中的绝大部分(如果不是全部的话)并无根本上的矛盾与冲突,即使表面上有所不同,也并不存在正确与错误,或者高深与肤浅的差别。

2

还有，需要说明的是，本书提出的诸多观点，包括作者本人的观点以及引用他人的观点，大部分都属于"猜想"和"理论"，并不等同于"事实"与"真理"。我希望读者在阅读本书的时候，既能够对那些"言之凿凿"的"理论"抱有谨慎的怀疑，同时也能够对那些"胆大妄言"的"猜想"给予足够的宽容与时间。因为，正如哲学家叔本华所说："所有的真理都要经过三个阶段：首先，受到嘲笑；然后，遭到激烈的反对；最后，被理所当然地接受。"

再有，我想感谢我的父母。他们不仅给了我生命，还给了我一个美好的童年。即使在我成年之后，离开了家乡，他们依然在精神上和物质上给予了我极大的支持与帮助。而且，在我刚刚开始写下自己冥想体会的时候，父亲就成了我的第一个读者。这不仅仅是因为我是他的儿子，更重要的是父亲是一位气功爱好者，而他在气功方面的经验与知识让我深受启发，让我意识到气功和冥想在本质上有着千丝万缕的联系，尽管它们表面上看起来天差地别。

不仅如此，父亲在给我的一封回信中这样写道："其实目前人们对自然及其现象的了解还是十分有限，只要打破对'权威'的迷信，不断探索，总会有所建树。愿你的文章能够帮到或启发到一些人……"作为我的第一个读者，父亲的反馈与鼓励给了我莫大的动力，让我继续写下更多的文章。

*If at first the idea is not absurd,
then there is no hope for it.*

— Albert Einstein

如果一个想法一开始
听起来就不够荒谬，
那也不必对它抱有太大的希望。

— 爱因斯坦

第一章 清醒的睡眠

冥想是一个既有趣，又神秘的话题。之所以说冥想神秘，是因为有关人类冥想的记载至少有几千年了。而在这几千年的时间里，不知道有多少个人和团体，给冥想赋予了五花八门的定义，解释，和意义。不过，古人的这些观察和理解往往是从哲学或者宗教的角度来进行的，所以或多或少都带有一定的神秘色彩。今天，就让我们试图从科学的角度来揭开冥想的神秘面纱，看看冥想到底是什么，也就是说冥想的本质是什么。这是一个根本性的问题，只有回答了这个问题，其它有关冥想的问题才能够迎刃而解。比如，知道了冥想的本质，我们就能对形形色色的冥想方法有一个更加深刻的认识，同时对冥想能给我们带来什么样的益处也一目了然。

那么，冥想到底是什么呢？我们知道，大多数人每天只有两种状态，要么醒着，要么睡着。其实，在这两者之间，还存在着第三种状态，那就是在保持意识清醒的情况下，让身体进入睡眠，这就是冥想所要达到的目标，也就是冥想的本质。换句话说，冥想就是睡觉，只不过是醒着的睡觉，是有意识地睡觉。认识到这一点，我们就不难明白那些在冥想中出现的各种各样的奇幻感受，无非是我们的身体在进入睡眠之后发生变化的结果。虽然这些身体的变化每天晚上都在发生，但是由于我们在睡着之后就丧失了意识，因此也就从未察觉到，以致错过了一个又一个美妙的时刻。

下面，就让我们尝试着证明冥想和睡眠的这种特殊关系。我们知道，正常入睡后身体最明显的变化恐怕就是心率和呼吸频率的大幅下降，而这两个变化恰恰也是我们进入冥想状态之后身体发生的变化。不过，这还不足以说明冥想和睡眠之间的关系。那么，除了这两个显而易见的变化，我们的身体在入睡之后还有哪些变化呢？首先，我们的身体启动了一个"保护机制"，这个"保护机制"给骨骼肌发出了"瘫痪"的指令，让四肢的肌肉无法启动。目的就是为了防止做梦的时候，四肢的运动可能会对自己和他人造成伤害。这就是为什么我们在梦中总是感觉手无缚鸡之力，打不过对手；或者在被敌人追赶的时候，总是感觉两腿沉重，跑不快的原因。

另外，如果不小心做了噩梦，可能让人在某个时刻惊醒过来，而这时恰好意识醒了，但肌肉的开关仍处于"关闭"的状态，身体就会动弹不得，感觉像是有肉眼看不到的东西在压着你一样。这也就是俗称的"鬼压床"，在医学上又被称为"睡眠瘫痪"。从这里可以看到，在通常情况下，我们的意识和身体是同时入睡和同时醒来的，但是在某些特殊的情况下，也可能会出现不同步的状态。如果在进入到这种不同步的状态后，我们却无法随心所欲地回到同步的状态，这就是疾病。而通过某种训练，我们不仅能够轻易地进入这种不同步的状态，还能够从不同步的状态随时回到同步的状态，这就是冥想。

在经过一段时间的冥想练习之后，很多人都会逐渐地感觉到四肢越来越沉重，越来越僵硬，以致最后动弹不得，好像"瘫痪"了一样，这就表明你已经成功地在保持意识清醒的情况下让身体进入了睡眠状态。不过，很多人即使能够做到这一点，却并不知道自己是如何做到的。其实很简单，就像那些智能手表和智能手环，能够准确地知道我们什么时间入睡，什么时间醒来，是因为它们装有一个运动传感器，当超过一段时间没有感知手臂的运动，就可以判定主人已经睡着了。同样道理，我们的身体中也有很多这样的"传感器"。当我们静坐冥想时，全身保持不动，只要练习的次数足够多，累计的时间足够久，身体中的传感器检测不到肌肉的运动，就会误以为我们已经入睡，于是便开启了前面提到的"保护机制"，给骨骼肌发出"瘫痪"的指令。

从这里我们可以清楚地看到，为什么保持身体的静止是冥想练习的第一要素（如果还有其它要素的话）。这也是为什么双盘好于单盘，单盘又好于散盘的原因。因为双盘最稳定，而散盘最不稳定。不过，对于那些只能散盘的朋友，可以在双脚和双腿之间左右各夹一个小的海绵块，这样就给悬在空中的两腿增加了两个中间支点，从而大大提高了双腿乃至全身的稳定性。

还有，随着睡眠的不断深入，全身的肌肉越来越放松，最后达到完全放松的状态。这种全身放松的感觉可能是任何一个按摩师都无法给你的，只可惜这时的我们已经在睡眠中失去了意识，并不能体验到全身放松到底是一个什么样的滋味。幸运的是，美国的埃德蒙·雅各布医生(Dr. Edmund Jacobson)发明了一种渐进式肌肉放松法，这种方法让我们在清醒的时候就能够体验到肌肉放松的感觉。比如，将拳头用力握紧并保持十秒钟左右，然后迅速松开，你就会感受到手部肌肉放松时那种酸酸麻麻，微微震动的感觉。除了手部的肌肉，雅各布医生还发明了一系列的动作来让人们体验全身各个不同部位肌肉放松的感觉。

　　不过，这种方法虽然好，但是它只能让我们同时体验一两个肌肉群的放松。如果想要同时体验全身放松，那就不得不借助冥想来实现了。另外，通过这种方法让我们体验肌肉放松的时间也非常有限，通常每次不会超过半分钟。而通过冥想，我们可以大大增加这种体验的时间，甚至可以达到想要体验多久就能体验多久的理想状态。还有，这种方法也只能让我们体验骨骼肌的放松，而人体除了骨骼肌，还有心肌和平滑肌。如果你想要体验各种肌肉同时放松的美妙感受，那只有冥想能够做得到了。在长时间的冥想练习后，我们偶尔会在身体的某个部位或者某些部位感受到酸麻震动，类似电流流过的奇妙体验，这就是肌肉得到放松的表现。如果这样继续练习下去，总有一天会出现从头到脚，全身酸麻，全身共振的神奇现象。

这种全身放松的感觉真是棒极了，然而更棒的是，在我们身体放松的同时，大脑也得到了极大的放松，暂时从大大小小的焦虑中解脱了出来。用雅各布医生自己的话来说，那就是："焦虑的头脑无法存在于放松的身体之中"，这也是他创立这个方法的理念与初衷。这种通过放松身体来缓解焦虑的方法听起来很有趣，实际效果也很明显，但是科学家们并没有止步于此。近来越来越多的研究表明，人的焦虑并不是直接在脑子里产生的，而是由身体的紧张引起的。换句话说，当有外部事物发生时，最先对其发生反应的是我们的身体，而随之而来的各种情绪则是由于这些身体的变化引起的。例如关于化解焦虑，主流的做法似乎是靠谈心，靠理性思考，靠深呼吸，等等。但《心理韧性》一书的作者伊丽莎白·斯坦利博士（Dr. Elizabeth A. Stanley）并不认同。她说："人的焦虑产生在身体上，而不是脑子里。在让你的身体恢复正常之前，那些做法都没有用。"

至于为什么我们的身体会对外部事物最先发生反应，那就不得不提到一个被称为"神经觉"的概念。所谓神经觉是人类感受周遭环境是否安全的总枢纽。它由脑部最原始的感应而来，它比所有的意识都要迅速，所以在一般的意识之外，类似于人们常说的"第六感"。事实上，早在两千多年前的印度，人们就认识到了这一点，并且利用这一点，来进行"智慧"的修行。具体来说，就是在冥想中用平等心来观察身体内在的感受。而所谓的平等心，就是不管一个感受是好的还是坏的，痛的还是痒的，冷的还是热的，都要一视同仁，不要在内心产生喜厌好恶的区分。通过这样的不断练习，真正地做到不以物喜，不以己悲，让情绪永远保持在一种平静和谐的状态，最终从焦虑和痛苦中彻底地解脱出来。

显然，古人所说的"智慧"，并不是智商的高低和知识的多少。现代人的智商越来越高，知识越来越丰富，生活也越来越精彩，然而我们的焦虑和痛苦似乎并没有减少，相反可能比古人还要多。科学家和医学工作者发明了各种各样的药物和疗法来解决这个问题，然而，最简单，最自然的方法就是静静地坐在那里，在保持意识清醒的状态下，让身体进入睡眠。这样不仅能够放松我们的身体，更重要的是，在身体放松的同时也解放了我们的大脑。愿我们每一个人都能够拥有古代先贤一般的智慧，在

"清醒的睡眠"中修身养性，从焦虑和痛苦中解脱，永远安静快乐地生活。

A follower of the Way (Tao) loses something each day. Loss after loss until arriving at Non Action (Doing Nothing).

— Laozi

为学日益，为道日损。

损之又损，以至于无为。

无为而无不为。

一 老子

第二章 无为的世界

"无为"起源于先秦时期的道家思想，在之后的两千多年里，不乏文人雅士从"无为"中悟出了人生的真谛，亦不乏帝王将相将其视为治国之法宝。然而，究竟什么是"无为"呢？每个人的理解肯定不尽相同，不过有一点却是共通的，那就是很少有人会从字面上来理解"无为"。究其原因，一来这样的解释看起来太过"肤浅"，二来的确与实际的经验不甚相符。我们从小到大，升学，求职，成家，立业，哪一样"成就"不是靠努力拼搏争取来的？于是，一个公认的解释就是要有所为而有所不为，而为与不为的标准就是一切都要顺乎自然法则，既老子所说的"道法自然"。然而，难道世界上真的没有一件事是什么也不做就能搞定的吗？答案是有的，至少有一件事确实如此，那就是冥想。反过来说，古代的先贤们十有八九就是通过冥想才体验到了这个有悖常识的真理，并且把它推广运用到日常生活和治国理政的其它领域。

在深入探讨冥想之前，我们先来仔细观察一下人体的运行机制。人体的活动大致可以分为两类，一类是通过意识来控制的，比如四肢的运动，大脑的思考，等等。另一类是不需要意识来控制的，比如心跳，血压，呼吸，等等五脏六腑的自动运转。其实，这些所谓的"自动运转"，也是由我们的大脑来控制的，只不过是由大脑的不同部位来控制。我们不妨把这两个部分大脑分别叫做"意识脑"和"非意识脑"。人在清醒的时候，身体同时受到意识脑和非意识脑的控制，然而由于意识脑的强势，我们似乎无法感知非意识脑的存在。这种由意识脑主导的状态，我们可以称之为"有为的世界"。而入睡后，意识消失，身体由非意识脑彻底接管。这种由非意识脑主导的状态，我们可以称之为"无为的世界"。

注意，这里的"无为"指的是我们在入睡后意识脑的无为，而此时此刻，正是非意识脑大有作为之际：心率下降，血压变低，呼吸趋缓，四肢"瘫痪"，全身肌肉放松，生长激素分泌，皮肤细胞更新，免疫细胞修复，记忆的分析和整理，等等举不胜收。不过，由于人们在入睡后便丧失了意识，所以对于这一切的变化竟无从感知。前文《清醒的睡眠》中指出，冥想的实质就是在保持意识清醒的状态下让身体进入睡眠。也就是说，冥想与睡眠唯一的区别就在于睡眠中我们失去了意识，而冥想中我们保持着意识，也正是因为这个区别，冥想才能够使我们有机会亲自体验那个美妙而奇幻的"无为世界"。不过，我们在保持意识清醒的同时，必须排除意识对人体的任何控制，因为一旦意识参与到人体的活动中来，哪怕只是一点点，我们就不得不立刻被打回原形，又回到那个"有为的世界"中去了。

在上面提到的人体活动中，有一项比较特殊，它既可以由意识脑控制，也可以由非意识脑控制，那就是呼吸。换句话说，你可以主动地调整呼吸的快慢长短，但是，如果你不去注意呼吸，它也不会因为被忽视而停止或者发生紊乱。正是由于这个特殊性，古人很早就把呼吸看作是从"有为世界"到"无为世界"的桥梁，并创造出了"观呼吸"的冥想方法。这种方法固然好，但是对于初学者来说，问题往往就出在这个"观"字上。"观"自然是观察的意思，但是我们不观察还好，一旦开始观察自己的呼吸就会不自觉地去控制它，有意识地调整呼吸的快慢长短，甚至是停顿间隔等等，以至于最后把自己搞得上气不接下气，不得不一切从头再来。那么，怎样才是正确的观察呢？很简单，就是以旁观者的角度来观察自己的呼吸，不管当前的呼吸是快是慢，是长是短，不要对它进行任何人为的干预。要相信自己的非意识脑，它会把呼吸"管"的很好，就像管理其它五脏六腑的运作一样，只要意识脑不来干扰，一切都会有条不紊，井然有序。

另外，初学者还有一个常见的误区，以为冥想就是放空自己，做到什么也不想。其实，不管是有意识地想，还是有意识地不想，都是试图用意识来控制大脑的运作。而冥想的目的就是在保持意识清醒的情况下放弃意识对人体的一切控制，因此不管是想还是不想，都是与这个目标背道而驰的做法。那么，冥想时到底是想还是不想呢？答案是既想也不想，也就是古人所说的"非想非非想"。听上去似乎很玄，实际操作却并不复杂，就像观察呼吸一样，我们只需要以旁观者的角度来观察自己的思维，让大脑中的念头自由地来，自由地去。既不要阻止念头的产生，也不要跟着念头跑掉。事实上，随着身体睡眠状态越来越深，大脑中的这些念头也会越来越少，以至于最后达到什么念头都没有了的境界。只不过，这是冥想的结果，而不是冥想的前提，切不可本末倒置。

细心的朋友可能已经发现，在形形色色，五花八门的冥想方法中，不管是上面讲到的"观呼吸"，"观思维"，还是前文提到的"观感受"，似乎有一个共同点，那就是都和观察有关。这绝不仅仅是一个巧合，而是因为，观察是放弃控制的第一步。为了便于理解，让我们举一个现实生活中的例子。为人父母大多有过这样的体验，那就是第一次带刚会走路的孩子去游乐场，不管是滑滑梯，还是荡秋千，大人往往都紧紧跟在孩子的后面，寸步不离，生怕孩子磕到碰到。尽管这样很累，但是感觉一切尽在自己的掌控之中，图个安心。不过，当孩子稍微长大了一点，独立性也更强了一些之后，父母就不会再如影随形地跟在后面，而是坐在游乐场边上的长椅上，在远处静静地观察孩子的一举一动，这就是放弃控制的第一步。

如果孩子再大一点，已经到了能够独立地处理一些大事小情的时候，父母可能就不会一刻不停地盯着孩子，而是时不时开始刷起手机，甚至离开长椅，去附近的商店买一杯奶茶犒劳自己。这时就彻底地放弃了控制权，让孩子完全独立，自由地玩耍。而此时，不管是对孩子还是大人来说，都是最轻松，最愉快的时刻，因为一个摆脱了束缚，一个获得了安宁。更重要的是，似乎并不需要有什么特别的努力就可以达到这样的双赢，只要你能够完全信任自己的孩子，相信他或她能够自己管理好自己。

同样的，冥想的时候，我们也不需要做任何努力，确切地说，也不能做任何的努力，因为任何主观的"努力"都会使我们前功尽弃，半途而废，从而无法跨越那座从"有为世界"到"无为世界"的桥梁。如果说还有什么要做的，那么唯一要做的就是保持身体的静止，而保持静止，说到底还是什么都不做。至于在冥想中对呼吸，对思维，乃至对身体感受的观察，无非是在通往"无为世界"的道路上使用的种种手段和工具罢了。正如上面的例子所讲，观察就是放弃控制的第一步。

事实上，在我们越来越接近"无为世界"的时候，就连这些"观察"本身也要摒弃掉，因为它们已经成为我们进入"无为世界"的最后障碍。只有当我们放下了一切，摒弃了所有的"努力"，做到真正的"无为"，才能够超越我们熟知的"有为世界"，进入那个未知的"无为世界"，进而感受到那种超越身心的终极体验。冥想是一个漫长的路程，请大家不要着急，不要期待，该来的一定会来，该发生的一定会发生。我们唯一能做的就是静静地坐着，把剩下的一切交给道，交给法，交给上帝，交给"非意识脑"……不论你管它叫什么。

I do not know whether I was then a man dreaming I was a butterfly, or whether I am now a butterfly dreaming I am a man.

— Zhuangzi

不知周之梦为蝴蝶与，
蝴蝶之梦为周与？

— 庄子

第三章 大脑的游戏

假设一个疯子科学家将一个大脑从人体取出，放入一个装有营养液的缸里以维持着它的生理活性，同时使用超级计算机通过神经末梢向大脑传递和原来一样的各种神经电信号，并对大脑发出的信号给予和平时一样的信号反馈，则大脑所体验到的世界将是计算机创造的一种模拟现实。下面问题来了，此大脑能否意识到自己生活在虚拟现实之中呢？

在经过仔细的思考之后，我想大多数人会给出否定的答案，因为缸中之脑和头颅中的大脑接收一模一样的信号，而这是它与外界环境交流的唯一方式，所以从大脑的角度而言，它完全无法确定自己是颅中之脑还是缸中之脑。这就是著名的"缸中之脑"思想实验，它有着许多思想原型，如庄周梦蝶、柏拉图的"洞穴寓言"、以及笛卡尔的"恶魔"和"我思故我在"。这一思想还影响了许多科幻小说和电影，比如《黑客帝国》，《盗梦空间》，等等。

也许你注意到上面的实验被称之为"思想实验"。所谓"思想实验"，并不是指它给我们带来的哲学思考，而是指必须使用想像力来进行的实验，因为实验的某些条件或者步骤在现实中无法做到。就拿"缸中之脑"为例，且不说当前的科学技术能否达到这样的水平，就是在道德伦理，以及法律层面也不允许我们真正地去实施。然而，不管你信不信，我们几乎每天都在亲身经历着类似的实验。

比如，当我们睡着后，就失去了部分或全部的听觉，嗅觉，触觉，等等，四肢的骨骼肌也处于"瘫痪"之中。这是因为躯体的感觉神经和运动神经，也就是传入神经和传出神经，在睡眠中被逐渐关闭了。这些传入和传出神经能够被意识（也就是"意识脑"）感知和控制，而意识是动物所特有的，所以它们也被称作"动物神经"。于此同时，那些不被意识控制的神经却仍然在继续工作，它们联接着"非意识脑"和五脏六腑，调节内脏的运行和血液循环，以保证人体基本的新陈代谢。与动物神经相反，由于这些神经并不被意识（也就是"意识脑"）所控制，而是被"非意识脑"所控制，因此它们也被称作"植物神经"。换句话说，我们每天睡着后都经历了一次"缸中之脑"的实验，就仿佛大脑被人取出（切断动物神经），放入了一个装有营养液的缸里以维持它的生理活性（保持植物神经）。只可惜睡着后我们的大脑也进入了休眠状态，失去了意识，并不能感知"动物神经"被关闭后到底是一种怎样的境地。

那么，有没有一个方法能够让我们在睡着后还能保持意识并去探索那个未知的境地呢？答案是肯定的，这个方法就是冥想！从前文《清醒的睡眠》中我们知道，冥想就是在保持意识清醒的状态下，让身体进入睡眠。而当身体进入睡眠后，动物神经就会像正常入睡后一样被悄然关闭，只有植物神经还在继续工作。可见，冥想是一个能够高度模拟"缸中之脑"的绝佳方案，因为冥想和"缸中之脑"实验一样，都是试图在保证大脑活性（保持植物神经和意识）的前提下，切断动物神经与大脑的联络。认识到这一点，我们不仅可以清楚地看到冥想与"缸中之脑"的共通之处，还可以更好地理解和解释冥想中可能遇到的各种奇幻感受。

例如，在冥想中，我们可能会听到平时听不到的声音，可能会闻到根本不存在的味道，可能会感到身体发冷或者发热，可能会感到四肢瘫痪无力，也可能会感到全身融为一体，等等。这些千奇百怪的体验，无非是我们躯体的感觉神经和运动神经，也就是传入神经和传出神经，在逐渐关闭的过程中发生的"正常"现象。当然，你也可以把这些现象统统叫做幻觉。不过，"缸中之脑"给我们带来的最大启发可能就是，虚幻与现实之间其实并没有明确的界限，因为不论是"虚幻"还是"现实"，一切都是神经与大脑之间的游戏而已。事实上，我们甚至无法百分之百地肯定，此时此刻正在阅读此文的大脑，是一个颅中之脑还是缸中之脑。至于那些我们亲眼所见，亲耳所闻，以及亲身经历的所谓的"事实"与"真相"，就更值得谨慎地加以"怀疑"了。

看到这里，如果你还对"缸中之脑"有着十分的兴趣，如果你并不满足于仅仅通过想象力来进行"思想实验"，如果好奇心驱使你必须亲自出马一探究竟，那么还等什么？赶紧开始冥想练习吧。值得一提的是，对于那些刚刚开始打坐的朋友，腰酸腿疼可能是需要面临的最大难题。请大家不要着急，不要气馁，只要坚持坐下去，随着感觉神经关闭的越来越深，总有一天会全身轻盈，再也没有任何酸痛。事实上，如果再继续练习下去，总有一天躯体的感觉神经会完全关闭，这时不但不会有任何疼痛，甚至连身体本身都感觉不到，就好像整个人突然消失了一样，剩下的只有意识，满布在宇宙万物之间。也许这样的描述会让你感到玄之又玄，以至无法相信。然而，古今中外，进入过这种状态的人绝非凤毛麟角。所不同的是，有的人把它描述为"灵魂出窍"，有的人把它描述为"羽化升仙"，有的人把它描述为"濒死体验"，有的人把它描述为"涅槃重生"，真可谓众说纷纭，不一而足。

然而，如果仔细考察，你就会发现其实大部分人（如果不是全部的话）说的都是同一件事情。再仔细研究，你甚至会发现各家各派的理论竟有着诸多相似与巧合。例如，佛家把众生之所在分为三界，即欲界，色界，和无色界。而这三种境界，正好对应着冥想的三种状态。具体来讲，所谓欲界，就是人的正常状态，充满了各种欲望。而所谓色界，就是躯体的感觉神经被逐渐关闭后欲望消失的状态。这是因为古人认为所有的欲望都来自感官，如果视觉，听觉，嗅觉，味觉，和触觉都被逐一关闭，那么各种欲望也就随之消失。注意色界的"色"字，在古汉语中的意思是有形的物质，在这里特指我们的身体，也就是所谓的"色身"。换句话说，色界就是欲望虽然消退了，但是身体还依然存在的状态。至于无色界，那就是当感觉神经被完全关闭后，身体不复存在，只剩下意识的最高境界。

综上所述，我们几乎为"缸中之脑"找到了一个完美的替代方案。不过，似乎我们还没有触及"缸中之脑"实验的最后一步，那就是如何找到一台超级计算机，并将其联接到我们的大脑。对于大多数人来说，这才是最关键，也是最重要的一步，因为只有实现了这一步，才有可能通过预先设定的程序代码，让我们的任何梦想或是理想瞬间得以实现。

遗憾的是，这样的超级计算机目前还只存在于科幻小说和电影之中。然而，仔细想来，所谓的梦想或者理想，不过是人类欲望的代名词罢了。如果冥想真的能够引领我们超越"欲界"，进入脱离欲望的"色界"，甚至进入没有了物质，只剩下意识的"无色界"，那就意味着我们已经摆脱了感官享受和世俗趣味的束缚，不再需要任何外界信号的刺激，就可以获得精神上的绝对自由与解脱。套用一个时下流行的句式，那便是："冥想就对了，还要啥计算机啊"。

The human body is the best picture of the human soul.

— Ludwig Wittgenstein

身体是灵魂的最佳形象。

— 维特根斯坦

第四章 情绪的空间

前文《清醒的睡眠》中提到，越来越多的研究表明，人的焦虑并不直接产生在脑子里，而是由身体的紧张引起的。换句话说，当外部事件发生时，最先对其发生反应的是我们的身体，而之后涌现的各种情绪，则是由这些身体的变化引起的。至于为什么身体会最先发生反应，恐怕与人类的进化有关。假设，你是一个原始人，正在丛林里行走。这时候不知从哪里突然窜出一只野兽。在搞清楚它是一只什么野兽，是否对自己有威胁，是否要与之战斗，还是转身逃跑，等等一系列的分析与判断之前，煞那间你的整个身体已经开始做出反应。你的脉搏加快，呼吸变浅，眼睛扩张，你的身体开始产生肾上腺素。

这一切都是必要的，及时的，因为在这样的危机时刻，思考已经显得太过缓慢，太过奢侈。你必须在开始思考的同时，甚至是在开始思考之前，就做好一切生理上的准备，准备和这只野兽进行一场殊死的周旋，并活着走出丛林。当然，还有另外一种可能，那就是窜出来的其实并不是野兽，而是一个睦邻友好部落的小伙伴。然而，即使你最终发现了这个事实，你的身体已经做好了"或战或逃"的准备，你的心脏仍然在加速，至少不会短时间内恢复正常，因为你已经完全被飙升的肾上腺素所控制了，尽管这只是一场虚惊。

回到当下的社会，大多数人已经不再为与野兽的不期而遇而担心。然而，这只野兽却仍然潜伏在每一个人心中，而且动不动就跳出来吓唬我们。当在上班的途中遇到塞车，它跳了出来，让我们瞬间进入焦虑状态；当在工作中遇到不顺心的人和事，它跳了出来，让我们立马陷入烦躁之中；当回到家看到孩子不是在做功课，而是在玩网络游戏，它跳了出来，让我们顿时升起一股无名的怒火……事实上，如果用社交媒体、交通、政治、疫情、金钱、育儿、气候变化、工作压力、家长里短，等等这些只有今天的文明人才听得懂的词汇，来替代丛林里那只（并不存在的）野兽，你就会立刻明白，为什么焦虑症会是世界各地最常见的精神疾病，它影响了将近五分之一的人口。在七天二十四小时全天候处于"或战或逃"的模式下，现代人基本上就是一群被吓坏了的原始人。

如果我们认识到情绪是由身体的状态决定的，而身体的状态无非是由若干物理（比如心率，血压，呼吸频率，等等）和化学（比如各种激素的分泌量，等等）参数叠加的集合，那就意味着或许我们可以把情绪进行科学量化，而不是只依赖于人类有限的语言，例如愤怒，焦虑，困惑，痛苦，兴奋，快乐，等等这些只可意会的词语来描述。当然，这个量化的过程注定不会轻松，因为人体是一个超级复杂的系统，其中的物理和化学参数多如牛毛，而且随着科学的发展，新的参数还在不断涌现。

为了简化，让我们假设人体中只有一个变量，心率。也就是说，所有的情绪都与心率有关，而且只与心率有关。再假设，正常状态下心跳每分钟60到80次，遇到紧急情况会飙升到每分钟120次，而在睡眠中心跳会下降到每分钟50次。

于是，我们可以把身体状态按照心率的大小分为三个区间，即60到80的"正常区"或"舒适区"，80到120的"紧急区"或"危险区"，以及50到60的"睡眠区"或"休息区"。

同样的，与人体的这三个"状态区间"类似，情绪也必然有着与之对应的三个"情绪区间"。不过，在一般情况下，当我们睡着后，就失去了意识，自然也就没有了情绪。或许你会觉得，在梦中我们也有喜怒哀乐，也有情绪。但是，经过仔细考察就会发现，无论美梦还是噩梦，都是在我们梦醒之后，那股欣喜或者恐惧才会随之涌来，而不是在梦中就已经产生的。因此，情绪的"睡眠区"似乎并不存在。然而，如果有一种方法，能够让我们在保持意识的前提下，让身体进入睡眠，那就可以创造出一种大多数人从未体验过的，在身体完全放松的状态下，也就是睡眠中的情绪。

看到这里，大家可能已经猜出，这个方法就是冥想，因为冥想的本质就是在保持意识清醒的状态下，让身体进入睡眠。至于通过冥想创造出来的这种全新的情绪到底是什么，恐怕并不能用一两个简单的词语来表达，因为有人说它是"安宁"，有人说它是"详和"，有人说它是"自在"，有人说它是"清净"，有人说它是"慈悲"，有人说它是"博爱"，甚至有人干脆只用一个"空"字来形容它，真可谓百花齐放，百家争鸣。

注意，把心率作为身体变化的唯一参数，是一种极端的简化。如果加上另一个参数（例如血压），那么一维的"情绪区间"就会变成二维的"情绪区域"；如果再加上一个参数（例如呼吸频率），那么二维的"情绪区域"就会变成三维的"情绪空间"……以此类推，如果使用N个参数来描述人体的状态，就会得到多个N维的"情绪空间"。可以想象，随着维度的增加，"情绪的空间"也变得越加错综复杂。而在这个空间的某些未知领域，在没有地图也没有GPS的情况下，想要规划出一条路线，或者遵循某条路线进行探索几乎是不可能的。这也就解释了为什么每个人的冥想体验都可能不同，因为不同的人走出同一条路的几率微乎其微。事实上，即使同一个人，每次的冥想体验也不会完全一样，因为我们无法标记之前走过的路线并再次重复它。

此外，把情绪用三个区来划分，也是一种极大的简化。比如，在"舒适区"与"危险区"之间，就还存在着一个"高效区"或"心流区"。因为适度的焦虑会提高人的表现，这时就进入了"高效区"，直到达到某个最佳的水平。超过这一点，随着焦虑水平的提高，表现则会随之下降，最终滑落至"危险区"。当人们处于"高效区"或"心流区"时，事情做起来顺手且不需多加思考，身体会自动发挥；人们也不会在意时间的流逝，直到回到正常状态后，才会注意到已经过了多长时间；另外，由于专注投入事物之中，导致人们不易察觉像是饥饿、手机震动等内在的感觉与外部的刺激；还有，在事情完成后，人们会感受到非常的愉悦、满足、成就感等正能量。

或许"心流"听上去有些神奇，然而你可能早就经历过而不自知。比如，紧张的考试让你全神贯注，而这种专注的程度越深，专注的时间越长，你就越有可能在考试中超常发挥，这就是"心流"的效应。虽然人人都可能在"心流"中受益，但是艺术家和运动员似乎对"心流"

的追求更加执迷。这是因为他们发现，凡是经过"深思熟虑"完成的作品或者比赛都不完美，而如果能够进入"心流"，手脚，甚至全身都会自己动起来，不再需要左思右想，绞尽脑汁，就能够随心所欲地创造出令人满意的作品和意想不到的成绩。于是，如何脱离"舒适区"，进入"心流区"，而不是直接跌入"危险区"，就变成一个天才与庸才的分水岭，一个如何成为大师与高手的武林秘籍。对此，功夫奇人李小龙给出的答案是，"真的勇士，其实就是一个普通人，加上镭射一般的专注力"。

的确，通过专注力进入"心流区"，似乎成为许多杰出人士的秘密武器和成功之道。然而，对于普通人，"镭射般"的专注力可不是天生就有，随叫随到的，必须经过长期的训练才有可能实现。事实上，想要在任何不同的情绪之间转换都不是一件轻而易举的事情。前文《大脑的游戏》提到，人的神经系统分为两类，一类是随意神经,，或称作动物神经，可以被人的"意识脑"随意控制；另一类是非随意神经，或称作植物神经，由人的"非意识脑"控制，而不由"意识脑"控制。

　　植物神经又分为交感神经和副交感神经。交感神经是负责"战斗或逃跑"的系统，当交感神经兴奋时，表现为心跳加速、呼吸增快、血管扩张、出汗、瞳孔扩大，以便"战斗或逃跑"，这时就进入了情绪的"危险区"。而副交感神经是负责"休养生息、消化进食"的系统，当副交感神经被激发时，它可以使瞳孔缩小、心跳减慢、心肌收缩力降低、平滑肌收缩、胃肠蠕动加强、骨骼肌松弛、唾液和泪液分泌增多等等，这时就进入了情绪的"休息区"。

由此可见，就像汽车的油门和刹车是用来控制汽车行驶的状态，交感神经和副交感神经也是在相反的两个方向上控制着人体状态的变化。然而，不管是交感神经还是副交感神经，它们都属于植物神经，而植物神经是由人的"非意识脑"控制的，并不是由"意识脑"来控制。换句话说，我们无法通过意识来改变身体的状态，这也就意味着，我们无法通过意识来改变情绪。

比如，一个小孩儿为了得到一件新玩具在父母面前哭闹，但是往往是只打雷不下雨，也就是所谓的"干嚎"，这是因为脸部表情和声带震动是由动物神经控制的，也就是由意识控制，想怎么表现就怎么表现；而与之相反，泪腺则是由植物神经控制的，也就是不由意识控制，眼泪自然也就不会轻易地信手捏来。不过，很多训练有素的演员，却可以根据剧情的需要随时随地泪流满面，让人拍案叫绝。那么，他们又是如何做到的呢？

其实很简单，既然我们无法直接通过意识来改变情绪，那就必须采取间接迂回的策略。以演员为例，当需要流泪的时候，通过有意识地在脑子里回忆一件悲伤的往事，或者在心里默唱一首凄凉的歌曲，等等方法来间接地刺激副交感神经，以增加泪液的分泌。当然，没有人能够一开始就立即泪如泉涌，必须经过无数次反复的训练才能做到游刃有余，随叫随到。

同样道理，艺术家和运动员通过专注力来进入"心流区"，归根结底，也是因为我们无法通过意识直接实现情绪的转变。还有，打坐冥想时，我们也无法通过意识让身体进入"睡眠"。恰恰相反，我们必须放弃一切意识的参与，通过保持身体静止这种间接的方式，让大脑（确切地说是"非意识脑"）误以为我们已经入睡，进而关闭动物神经，并抑制植物神经中的交感神经，同时激发植物神经中的副交感神经，最终使得我们进入身心完全放松的"睡眠区"或"休息区"。

总而言之，我们实在是无法通过意识来直接"管理"自己的情绪。至于时下流行的各种"情绪管理"的文章和书籍，如果仔细研究就会发现，大多数是在讨论如何在情绪激动的时候，利用理性的思考来控制自己的行为，与其说是"情绪管理"，不如说是"行为管理"。如果真的存在什么方法能够"管理"我们的情绪，那便是什么也不做，一动不动地坐着，让身体进入睡眠，从而"创造"出一种在身体完全放松的状态下"全新"的情绪，并尽情地去感受它。是的，你没有听错，这将是一种"全新"的情绪，一种你从未体验过的情绪。它是如此的平静与安宁，如此的温暖与祥和，如此的自由与自在。朋友，看到这里，难道你就不想亲自尝试一下这种美妙的情绪吗？如果是，还等什么？赶紧开始冥想练习吧。

To keep the body in good health is a duty...
otherwise we shall not be able to keep our
mind strong and clear.

— Buddha

要顾好自己的心，
就要先顾好自己的身。

— 释迦牟尼

第五章 睡觉的能力

前文《清醒的睡眠》指出，冥想的本质就是在保持大脑清醒的情况下，让身体进入睡眠。很多朋友看到这个结论，不免会产生一个疑问："如果冥想就是睡觉，那岂不是在浪费生命？"对于这个问题，我想从两个方面予以回答。一方面，冥想的确就是睡觉，但是它和睡觉又不完全相同，因为在睡眠中我们失去了意识，而在冥想中我们保持着意识。也正是因为这个小小的差别，冥想才能够使我们有机会亲自体验那个美妙而奇幻的"无为世界"。至于这些新奇的体验在心理上给我们带来的巨大冲击和利益，已经在之前的文章中用了大量的篇幅加以说明，这里就不再赘述。

另一方面，这个问题透露出一个较为普遍的观念，那就是睡觉等同于浪费生命，正像一位名人对世人的"忠告"那样："棺材里面有的是时间睡觉"。实际上，很多人不仅把睡觉看成是浪费生命，更是把"过多"的睡觉和懒惰相提并论。然而，如果当你知道NBA的顶尖高手勒布朗·詹姆斯每天要睡十二个小时，以确保每场比赛和训练都能达到最佳的状态，那你可能就会对睡觉这件小事刮目相看了。不仅如此，近来越来越多的研究表明，睡眠不仅对于恢复体力，而且对于防病抗老也起着决定性的作用。反过来说，那些各种各样对睡眠的误解与偏见可能是影响当今人类健康的罪魁祸首之一。

美国加州大学伯克利分校的马修·沃克教授（Dr. Matthew Walker）在《我们为什么要睡觉》一书中列举了很多有趣

的数据来说明睡眠的重要性。比如，在他的对比实验中发现，一个睡眠不足的人，他(或她)的记忆力要比一个睡眠充足的人下降百分之四十。其中的原因很多，但最主要的可能和大脑的两段式信息存储方式有关。具体来说，大脑会把接收到的信息首先记录在一对容积较小的海马体内，然后才把这些信息转移到容积较大的大脑皮层并永久性地保存下来。不过，这个转移的过程不是立即，而是延迟发生的，因为它必须发生在睡眠中。在知识爆炸的今天，我们每天都在接收大量的信息，如果晚上没有足够的睡眠时间让大脑来完成这些信息的转移和保存，并清空海马体，不但会造成某些重要信息的丢失，还会使得海马体内的陈旧信息越积越多，最终导致无法接受更多的资讯。

这就好比我们的电脑和手机，正在使用的数据往往是被临时寄放在较小的内存里(相当于海马体)，以便快速地读写。当我们停止使用电脑和手机时，这些数据才会被永久性地写入到更大的硬盘上(相当于大脑皮层)，以便今后再次被调用。但是，由于一些有意或者无意的软件漏洞(Bug)，内存里的数据往往不能够被及时地清理干净，以致随着时间的推移越积越多，于是我们就会感觉到电脑或手机变得越来越慢，最终导致无法使用。不过，此时只要关机重启一下，彻底清空内存里的垃圾信息，往往一切便会运行良好，恢复如初，就像我们在连续熬了几个通宵，大睡一觉后醒来的那种淋漓畅快，神清气爽。

睡眠除了对记忆力有着重要意义之外，沃克教授还发现，经常每天睡五到六个小时的男性，他们的雄性激素(也

就是睾丸素)的分泌量和比他们大十岁,
每天睡七个小时以上的男性的雄性激素
分泌量基本相当。我们知道,充足的雄
性激素不仅是身体健康的保证,而且还
会导致胡须毛发旺盛、喉结突出、脂肪
更少、肌肉更发达、等等。也就是说,一
个睡眠不足的男人,看上去要比一个正
常人老上十岁!

　　不过,表面上的差别还是小事,更
重要的是,充足的睡眠还会让我们的心
血管更加强健。一个有力的证据就是每
年夏令时开始的第一天,仅仅由于少了
一个小时的睡眠时间,医院的心脏病收
治人数就会猛增百分之二十四;而在夏
令时结束后的第一天,仅仅由于多了一
个小时的睡眠时间,心脏病收治人数就
会下降百分之二十一,实在是不可思
议。不仅如此,在交通事故率,甚至是
自杀率的数据上我们也会看到同样的曲

线，不得不令人深省。基于这些大数据的分析，美国明尼苏达州的艾迪纳县（Edina）将所有学校的上学时间推迟了一个小时，结果发现，排名靠前的那百分之十的学生（也就是上升空间最小的那一部分学生），他们的SAT成绩从平均分1288上升至1500；还有，怀俄明州的提顿县（Teton）在做了同样的改变之后，发现由16至18岁的新手司机所引发的交通事故发生率下降了百分之七十。

事实上，睡眠不仅对于记忆力和判断力，对于人的外观，对于心血管起着重要的作用，它对于保持人体的免疫力，预防各种各样的疾病包括癌症也是至关重要的。特别是阿兹海默症，也就是俗称的老年痴呆，我们一般会认为这种疾病与年龄相关。然而，我们似乎忽略了另一个事实，那就是睡眠的长短也与年龄相关。只不过，前者是正相关，而后者是负相关。也就是说，如果我们能够找到一种方法来延长睡眠的时间，那就很有可能成为预防阿兹海默症的一剂灵丹妙药。目前，延长睡眠的方法有很多种，最常见的就是使用安眠药和褪黑素。不过，这些药物的缺点也很明显，那就是在增加睡眠时间的同时，反而缩小了深度睡眠的比例，也就是降低了睡眠的质量。那么，有没有两全其美的方法呢？答案是有的，这个方法就是冥想，因为冥想就是睡觉，而且是最自然，最高质的睡觉！

既然冥想就是睡觉，那么你可能会问："如果困了，就直接睡觉好了，还要冥想干什么？"的确，当你感到困乏的时候，就应该去睡觉，而不是去冥想。但是，现实生活中又有几个人能够做到如此潇洒，想睡就睡呢？回想一下，每天早晨，我们大多是被闹钟叫醒的，而不是自然醒;好不容易忙过了一上午，刚刚吃完午饭，正当我们昏昏欲睡的时候，一个个无聊的会议又接踵而来;晚上回到家里，本来应该早点上床睡觉却又经不住诱惑开始追剧，或者即便躺在了床上也是在刷手机;结果就是睡意全无，于是只好打开闹钟，希望第二天早晨它能将自己及时叫醒……如此周而复始，恶性循环。不过，假如你拥有某种特殊的能力，让你可以在任何地方，以任何姿势，而且不论时间长短，哪怕只有五分钟，也能迅速地入睡，同时还不至引起周围人的注意和怀疑，那就厉害了。注意，这里的难点不只在于能否迅速地入睡，更在于入睡后会不会被别人发觉。如果睡着后就东倒西歪甚至鼾声大作，而这恰恰又发生在开大会的当口，那可就尴尬了。

为了解决这个问题，我们必须要找到一个方法，使得我们在睡着后，或者说在我们的身体睡着后，还能保持大脑的清醒。而冥想恰恰就是在保持大脑清醒的情况下，让身体进入睡眠。不仅如此，冥想还能够让我们在任何地方，以任何的姿势，进入睡眠。这是因为，在前文中已经指出，冥想的第一要素就是保持身体的静止，而且很有可能的是，这也是冥想的唯一要素。换句话说，只要你能够保持身体不动，无论是坐着，站着，甚至是躺着，都可以进行冥想。而且，以坐着为例，你不但可以是坐在地上，还可以坐在椅子上，或者坐在沙发里，没有任何的限制。至于冥想的时候眼睛应该是睁开还是闭着，亦或是半睁半闭，更是不拘一格，无伤大雅。另外，站着的冥想，也叫"站桩"，已经成为中国传统武术体系中的一个重要组成部分，正所谓"未习拳，先站三年桩"。可见古人对冥想与健身之间的关系，早就了然于心。最后，躺着的冥想是一种最放松的冥想，也是最容易进入深度睡眠的方法之一。对于那些从来没有试过"躺平"的朋友，一定要亲自体验一下才能领会其中的奥妙与乐趣。

或许你还会说："等我退休后，不用冥想，也可以随时随地地睡觉了。"话虽如此，可问题就在于，即使每天有足够的时间睡觉，你就一定能睡着吗？先不说那些被失眠困扰的朋友，就是那些没有任何睡眠困难的人，有几个可以像勒布朗·詹姆斯那样，每天睡上十二个小时？事实上，不要说十二个小时，就是每天睡八个小时也不是任何人都能够做到的，因为随着年龄的增长，我们的睡眠不论在时间上还是质量上都在逐步下滑。总之，不管是由于外部的原因还是内在的因素导致的睡眠不足，我们必须找到一种切实可行的方法加以弥补，这样才能保持身体的健康和延缓衰老的速度。为此，科学家和医学工作者发明了各种各样的药物和疗法来延长人们的睡眠时间。然而，最简单，最自然的方法就是静静地坐在那里，在保持意识清醒的状态下，让身体进入睡眠。这就是冥想，而它在生理上给我们带来的最大益处就是延长睡眠的时间。

试想一下，如果你学会了冥想，你就可以在那些无聊的会议中随时开启"补觉"模式。而这样的"睡觉"不但不会被别人发现，更有趣的是，由于你的大脑始终是清醒的，并不影响你聆听和领会老板的发言，也不影响你回答别人的提问，甚至在这样的"睡觉"中你可能还会灵感不断，冒出很多新奇的点子来；如果你学会了冥想，你就可以在漫长的排队测核酸的人流中保持淡定，充分享受室外大自然给我们带来的每一缕阳光或者风雨；如果你学会了冥想，你就可以坐在沙发上一边追剧，一边"睡觉"，而且一点都不影响第二天接着追，因为你并没有由于"睡着"而错过任何有趣的剧情；如果你学会了冥想，你就可以在晚上失眠的时候，尽量保持不动，让身体进入睡眠，这样即使大脑没有入睡，但是一点也不会影响第二天的工作和学习。换句话说，学会了冥想，你就再也不用担心失眠，因为冥想就是睡觉，学会了冥想就是"学会"了睡觉。更确切地说，在冥想中，除了保持着意识这一点和睡觉稍有不同，其它所有在睡眠中发生的事情都会在冥想中发生，所有睡眠给我们带来的益处也都会在冥想中得到。

睡觉本是我们每一个人与生俱来的能力，然而，这个能力却随着生活节奏的加快和年龄的增长被无情地限制和削弱了。其结果就是记忆力变差，学习能力降低，心血管疾病风险上升，免疫力下降以及癌症风险攀高，等等一系列的连锁反应。我们可能无法改变当前的生活节奏，我们对自己年龄的增长更是无可奈何，不过，有一种方法或者技术却可以让我们能够随时随地睡觉，见缝插针地睡觉，各种姿势地睡觉，同时还不会引起旁人的注意；而且，它还能够让你看上去年轻十岁；更重要的是，它还会让我们忘记烦恼，摆脱焦虑，成为一个真正快乐的人。难道你不想尝试一下这个方法，练习一下这门技术吗？如果是，还等什么？让我们一起来冥想吧……

The thousand-mile journey
begins with one step.

— Laozi

千里之行始于足下。

— 老子

第六章 一千个小时

在明白了冥想的本质之后，我们就对形形色色的冥想方法有了一个更加深刻的认识，同时对冥想能给我们带来什么样的益处也一目了然。然而，还有一个令初学者最为困惑的问题就是，到底要练习冥想多久才能入门？这是一个非常好的问题，也是一个不能回避的问题，因为冥想入门的时间实在是太长，以至于大多数的人在到达这个门槛之前就放弃了。因此，搞清楚冥想入门所必须的时间，哪怕只是一个大概的范围，对于我们增加信心，放松心态，都是十分有益的。不过，在给出"正确"的答案之前，我们必须首先搞清楚什么叫"入门"，或者说，冥想入门的标准是什么。

前文指出，冥想的体验是非常个人化的东西，也就是说，每个人的冥想体验都可能不同。不过，在这些五花八门的体验当中，我们还是可以找出一些大多数人都会经历的，比较容易被描述的感觉与感受。比如，在经过一段时间的冥想练习之后，很多人都会逐渐地感觉到四肢越来越沉重，越来越僵硬，以致最后动弹不得，好像"瘫痪"了一样。这是因为，当我们静坐冥想时，全身保持不动，只要练习的次数足够多，累计的时间足够久，我们的大脑（确切地说是非意识脑）就会误以为我们已经入睡，于是便开始逐渐关闭运动神经（也就是传出神经），就仿佛给骨骼肌发出了"瘫痪"的指令一样。

事实上，在冥想的过程中，也就是在我们的身体进入睡眠的过程中，除了运动神经（也就是传出神经）的变化，我

们的感觉神经（也就是传入神经），以及
植物神经（包括交感神经和副交感神
经），都在发生着变化。这也正是为什
么我们在冥想的过程中，会体验到各式
各样奇幻感受的原因。为此，我们已经
在前面的文章中花了不少的篇幅加以论
述，这里就不再重复。另外，为了避免把
冥想入门的标准定义得过于复杂，在本
文中，我们将只关注那些由运动神经（也
就是传出神经）的变化所导致的感觉与
感受。

又经过一段时间的冥想练习后，我
们偶尔会在身体的某个部位或者某些部
位感受到酸麻震动，类似电流流过的奇
妙体验，这就是肌肉得到放松的表现。
如果这样坚持不断地练习下去，总有一
天会出现从头到脚，全身酸麻，全身共
振的神奇现象，这就表明你的身体已经
进入了更加深度的睡眠状态，并且彻底

地关闭了运动神经，实现了全身肌肉放松。如果每次冥想时，你都能够轻易地进入这种状态，并能够在这种状态中保持相当长的时间，甚至达到想要保持多久就能保持多久的理想状态，那么恭喜你，你已经入门了！

上面的描述听起来容易，做起来可不简单。至于这个入门的过程到底有多长，恐怕并没有一个标准的答案，因为每个人的身体条件和精神状态都不可能完全一样。据记载，某些人在第一次冥想的时候就能够达到这种状态，甚至进入了更为高深的境界也未可知。不过，虽然我们无法证实这些传说，但是不可否认的是，个体的差异是巨大的，也就是所谓的"悟性"天差地别。那么，对于绝大多数"悟性"一般的普罗大众，到底要花多长时间才能入门呢？对于这个问题，或许我们可以借鉴古人的经验，从他们的遗产中一窥端倪。

前文《睡觉的能力》提到，站着的冥想，也叫"站桩"，已经成为中国传统武术体系中的一个重要组成部分。而所谓的"未习拳，先站三年桩"，就是说要用三年的时间来完成冥想的入门训练。然而，以年为单位的描述似乎不甚清晰，因为每天练习多长时间并没有加以说明。比如，一个懒惰的学生，每天只站一个小时的桩，那么三年下来就一共站了大约一千个小时；而一个精进的学生，每天站三个小时的桩，那么三年下来就一共站了大约三千个小时。从一千到三千，如此巨大的差距，到底我们应该相信哪一个数字呢？或许，这种模糊的描述本来就是古人有意为之，只给出一个大致的范围。因为，我们不妨这样来理解，对于那些"悟性"高的人，即使你懒惰一点，每天只练一个小时，三年也入门了；而对于那些"悟性"不高的人，只要你勤奋一点，每天练三个小时，三年也一定入门！

还有，在中国道家的内丹修炼次第中，第一个阶段叫做筑基，亦称"百日筑基"。所谓筑基，自然是打基础的意思。至于"百日筑基"，就是用一百天的时间来打基础。和上面的"三年站桩"比较起来，"百日筑基"听起来更像是一种冥想的速成法。事实上，这个"百日筑基"的前提是必须在"闭关"的状态下进行的。而所谓的"闭关"，就是将自己关在某个地方，足不出户，不闻世事，清心寡欲，专注打坐。假设一个人在这样的环境里，一天静坐十二个小时，另外十二个小时用来吃饭和睡觉，那么一百天下来就练习了一千两百个小时的冥想，恰好超过了上面提到的一千小时的底线。虽然只是刚刚超过这个底线，但是，在如此高强度的封闭训练下，即使是"悟性"再差的菜鸟，估计百天之内也会"入门"了。

现如今，随着冥想从东方传到西方，再加上一些社会名流的示范作用，美国的很多大公司纷纷开始为员工开设免费的冥想课程。开课就一定要请老师，以谷歌公司为例，他们招聘冥想教练的条件之一就是至少要有一千五百小时的冥想经验。至于这个数字是通过科学的统计方法，还是经高人指点，抑或是拍脑袋得来的，我们不得而知。不过，这个数字和上面提到的古人的认知不谋而合，倒也让人觉得十分有趣。总之，对于大多数人来说，冥想入门的底线恐怕就在一千个小时上下。换句话说，坐满一千个小时，并不能保证你一定入门。然而，没有做满一千个小时，那大概率一定是你还没有入门。

注意，这一千个小时，是累计的时间，并不在于每次冥想时间的长短，也不在于每天冥想的次数。如果你去问一位高僧大德，他可能告诉你他每天冥想两次，每次四个小时。这对我们普通人来说是无法想象的，也是无法实现的。特别是对于初学者，每次超过几分钟就可能变成一种折磨。因此，对于刚刚开始学习冥想的人，可以从每次一分钟开始，逐渐地延长到三分钟，五分钟，等等。

短时间练习的好处还在于，每天可以多次频繁地练习。比如，在你看书的时候，设置一个闹钟，每隔半个小时，就提醒你冥想五分钟。如此一来，如果看书两个小时，就可以在不知不觉中，累积了二十分钟的练习时间。再有，因为每次练习的时间短，我们便不会再把冥想当成一个负担或者折磨，而是当成一种饶有兴趣的体验来不断尝试。另外，对于初学者，这样累积二十分钟的练习，往往比一次连续冥想二十分钟的效果来的更好。真可谓一举多得，何乐而不为？

为了能够积累到一千个小时，我们也不必在意使用什么样的冥想方法。除了前文提到的"观呼吸"，"观思维"，以及"观感受"，等等这些常见的方法之外，任何能够让我们保持兴趣地坐在那里，或者更直接地说，任何能够让我们保持身体不动的方法都是好的，都可以尝试。因为保持身体的静止，才是冥想最关键的要素，也是冥想唯一的要素。至于是坐着冥想，还是站着冥想，甚至是躺着冥想，则更要多加尝试，因为不论是何种方式的冥想，也不论是何种姿势的冥想，都是冥想。总而言之，只要你能够保持身体不动，同时保持意识清醒，那么每分每秒都是冥想，都会累计到那一千个小时里面去。

　　冥想是一个漫长的旅程，特别是在入门前的这一千个小时里面，到处都是充满了荆棘的曲折幽径。请大家不要着急，不要气馁。只要坚持坐下去，坐满了一千个小时，即使没有入门，也离大门不远了。而且，一旦入门之后，脚下的路就会越来越宽阔，越来越平坦，路边的景色也会越来越美妙。

　　事实上，也只有到了这个时候，我们才可以说真正踏上了冥想的光明大道，而前面的无限风光和无止境界正在等着我们去发现和探索。看到这里，你还在等什么？现在就开始冥想吧！正像老子在《道德经》中写的："千里之行，始于足下"。对于这一千小时的冥想之旅而言，就是始于每个小时，始于每一分钟，始于每一秒"清醒的睡眠"。

Our body does not feel velocity, but only the change of velocity i.e. acceleration.

— Old Physics Book

我们的身体觉是察不到速度的，
只能觉察到速度的变化，即加速度。

— 经典物理

第七章 静止与运动

前文指出，冥想的本质就是在保持意识清醒的情况下，让身体进入睡眠。而实现冥想的具体方法，就是保持身体静止，从而让身体中的"传感器"检测不到肌肉的运动；只要练习的次数足够多，累计的时间足够久，我们的大脑（确切地说是非意识脑）就会误以为我们已经入睡，于是便开始逐渐关闭动物神经，也就是运动神经和感觉神经，并抑制植物神经中的交感神经，同时激发植物神经中的副交感神经，最终使得我们的身体进入完全放松的睡眠状态。

这就是为什么我一再强调，保持静止是冥想的第一要素，我甚至可以大胆地断言，这也是冥想的唯一要素。不仅如此，如果运用简单的逻辑推理，就不难得出这样的结论，那就是，但凡通过保持身体不动来实现的人类活动，在本质上都是冥想。比如前文提到的"站桩"和"内丹"，以及气功中的各种"静功"，包括通过调整呼吸的方法来进行的"吐纳"和"行气"等等。尽管表面上看起来千差万别，有的站着，有的坐着，还有的躺着，内在的关注点也各有不同，但是在本质上都是通过保持身体的静止，让身体进入睡眠。

不过，虽然大部分的冥想方法是通过保持身体不动来实现的，但还是存在一些非常特殊的方法，恰恰是通过身体的运动来实现冥想的。比如，除了"坐禅"，佛家的修行者通常还会选择一块露天的空地，一心专注毫无杂念，以非常缓慢的步伐来回走直线，叫做"行禅"。实际上，步伐的缓慢并不是必须的，因为一些有经验的"行禅"者，即使通过较快的速度来回走动甚至跑动，也可以达到同样的效果。也就是说，速度的快慢并不是"行禅"的关键，"匀速"和"直线"才是"行禅"的诀窍。那么，这种"匀速直线"的运动和"静止"又有什么联系呢？

学过物理的朋友都知道，牛顿第一定律告诉我们：当一个物体不受外力时，它会保持静止或者匀速直线运动。不受外力的物体保持静止，这是一个常识，比较容易理解。但是，不受外力的物体还可能保持匀速直线运动，这就是一个有悖常识的发现，也正是牛顿的伟大之处。那么，静止和匀速直线运动到底有什么内在的共通之处呢？换句话说，静止以及匀速直线运动跟其它形式的运动（也就是非直线运动以及直线非匀速运动）又有什么本质上的区别呢？

答案很简单，那就是静止以及匀速直线运动的加速度都等于零，而非直线运动以及直线非匀速运动的加速度都不等于零。前面提到的在我们身体中的那些"传感器"，就像智能手表和智能手环里面的"传感器"一样，实际上并不是"速度传感器"，而是"加速度传感器"。也就是说，静止以及匀速直线运动对它们来说是一回事，因为加速度都是零。这就解释了为什么像"行禅"这样的匀速直线运动，和保持身体静止有着相同的效用，都能够让我们的非意识脑因为检测不到肌肉的"加速度"而误以为我们已经入睡，从而开启了身体的睡眠状态。

另外，我们身体中的"传感器"也并非想象中那么敏感。这就意味着，只要我们把身体运动的加速度控制在一个较小的范围内，即使是非直线运动或者是直线非匀速运动，也可能让我们的非意识脑因为检测不到足够的"加速度"而误以为我们已经入睡。那么，如何将身体运动的加速度控制在一个较小的范围内呢？

没错，你可能已经猜到，只要将身体的运动慢下来就好了，"太极拳"就是一个完美的例子。"太极拳"的一招一式大多来自中国武术的动作，然而，它与一般武术最大的区别就在于速度的不同。也正因如此，尽管这些动作大多是非直线运动，但是由于每个动作的速度缓慢均匀，以及动作之间不加停顿，如行云流水般的连贯自如，使得整个过程中的加速度几乎可以忽略不记。还有，在气功的各种"动功"中，大部分（如果不是全部的话）也是采用非常和缓的慢动作，都是基于同样的原理。也就是说，不管是"太极拳"还是"气功"，只要我们能够真正地做到"慢练"，都能够达到冥想的效果。或者更加直白地讲，"太极拳"和"气功"在本质上都是冥想。

还有，牛顿第一定律也叫惯性定律。而所谓"惯性"，就是指物体抗拒其运动状态被改变的性质。运用这个定律，我们不仅可以更加明了静止与运动之间的关系，还可以解开我们在前文《清醒的睡眠》中提到的"渐进式肌肉放松法"背后的原理。我们已经知道，这个方法通过对不同身体肌肉群刻意，渐进的收紧，随后放松肌肉，从而使紧张感逐渐消失，并引起放松的生理感觉。那么，它到底是如何做到的呢？

假设我们的肌肉紧张程度分为从零到十若干个等级。也就是说，当我们进行激烈运动时，肌肉的紧张程度可以上升到十；而当我们睡着后，肌肉完全放松，紧张程度下降为零；当我们醒来后，在一般情况下，我们的肌肉紧张程度既不是十，也不是零，而是保持在一个介于零和十之间的常值。我们不妨假设这个常值为三，虽然它对于每个人都可能略有不同。

注意，在正常情况下，我们很难体验到这个常值三以下肌肉放松的滋味。但是，如果我们刻意地收紧肌肉，并保持一段时间，随后又突然地放松，那么肌肉的紧张度就会迅速地从十降到三。不过，它并不会停止在这里，而是由于上面提到的"惯性"作用，继续下降至二，至一，乃至零。当然，在达到最低点后，肌肉的紧张度就会反弹，又会上升至一，至二，最后回到三这个常值，并停留在那里。

尽管这个三以下的肌肉放松并不能持久，通常不会超过半分钟，但是它让我们在正常的情况下就能够体验到睡着后才发生的身体变化，不可不谓雅各布医生的一个伟大的发明。这也正是为什么在前文《一千个小时》中，我们把全身肌肉放松作为冥想"入门"的标准，因为它不仅是一个非常清晰明确的目标，更重要的是，它还是一个我们可以通过"渐进式肌肉放松法"就可以体验到的，至少是能够部分体验到的目标。

还有，瑜伽的系列动作与"渐进式肌肉放松法"也有着异曲同工之处，它们背后的原理也是一模一样的。事实上，瑜伽之祖，波颠阇利，在他撰写的《瑜伽经》中详细地说明了瑜伽的"八支"，即修行瑜伽的八个阶段。我们通常在健身房里练习的只是其中第三个阶段，也就是"体位"瑜伽。而之后的"调息"瑜伽，大概和气功中的"吐纳"或者"行气"类似。至于第七阶的"禅那"，也就是"禅定"，是及其深度的冥想，而第八阶的"三摩地"，则是冥想所能达到的最高境界——天人合一。

总而言之，静止是冥想，匀速直线运动也是冥想，(缓慢连续的)非直线运动以及直线非匀速运动也都可以是冥想。至于各式各样的肌肉放松法，则是冥想绝佳的热身练习，它们帮助我们设定冥想的目标，提前体验或者部分体验到达这个目标后的美妙感受，并始终让我们保持着坚定的信念和无限的希望。

在拥有"海天佛国"美誉的普陀山，有一座白华庵，庵内有一处石碑，上书四个字："入三摩地"，这是明代书法大家董其昌的墨宝。其实，在中国的很多寺院里面，都会有这样一个类似的石碑或者牌匾，意思是不论什么人，进到这里，就要放下杂念，清净本心，从而发现那个真实的自我。然而，大多数的善男信女，却不知道三摩地并不在寺庙里，也不在山野丛林，而是在每个人自己的心中。与其舍近求远，四处寻仙问道，不如在家中静静地坐着，或者缓慢地走着，在禅定的快乐中寻找生命的奥秘。正所谓："吾有三摩地，闲来入其中，维妙不可言，寂静如太空"。

Eastern thought must be excluded from the history of philosophy.

— Hegel

东方的思想必须排除在哲学史以外。

— **黑格尔**

第八章 东方的智慧

如果有人说："东方的智慧来自于冥想"，你可能会付之一笑。不过，如果把这句话改成："东方的圣贤大多是冥想的大师"，那你可能就会觉得这个说法要合理得多。比如，佛祖释迦牟尼就曾经跟随当时多位印度的瑜伽大师学习打坐，苦行六年，终于在菩提树下，冥想了七天七夜之后，突然大彻大悟，进入涅槃，开创了佛法。

后来佛法传到中国，在中国生根发芽，遍地开花，衍生出十来个不同的宗派。虽然这些门派里也出现了像净土宗的"念佛号"以及禅宗的"参话头"这样非常特别的修行方法，但是大部分还是通过"打坐"这种传统的方式来进行修行。

特别是曹洞宗所倡导的"默照禅"，传到日本后被道元禅师以"只管打坐"一句话加以概括，真可谓一语道破天机。"只管打坐"也成为日本曹洞宗的特点之一。

至于中国的本土文化，我已经在之前的《无为的世界》中，花了很大的篇幅讨论"无为"的来龙去脉。简而言之，冥想可能是世界上为数不多的（如果不是唯一的）只能通过"什么都不做"才得以实现的人类活动。反过来说，古代的先贤们十有八九也是通过冥想才体验到了这个有悖常识的真理，并且把它推广运用到日常生活和治国理政的其它领域。不过，到底有没有确凿的证据显示，这些圣贤们的确就是通过冥想来悟道的呢？

中国的古人把冥想叫"坐忘"，也叫"心斋"。《庄子·大宗师》中就有这样一段孔子和他的弟子颜回之间的对话——

（回）曰："回坐忘矣。"仲尼蹴然曰："何謂坐忘？"。颜回曰："堕肢體，黜聰明，離形去知，同于大通，此謂坐忘。" 仲尼曰："同則无好也，化則无常也。而果其贤乎！丘也请从而后也。"

上面的对话翻译成白话，就是——颜回（对孔子）说："我坐忘了。"孔子立即问道："什么叫坐忘？"。颜回说："四肢瘫痪，耳目关闭，身体消失，思维停止，与天地万物合一，这就是坐忘。"孔子说："天下大同，就不再有好坏的分别，融入其中，也就放下了不变的执着。你果然成为贤人了！我也要步你的后尘。"

根据以上这些对"坐忘"的描述，我们可以清楚地知道古代圣贤们不仅通过冥想来悟道，而且他们的冥想境界已经达到了非常高的水平。也许"四肢瘫痪"和"耳目关闭"对于那些坐了上千个小时，已经"入门"或者即将"入门"的朋友们还比较容易理解，但是"身体消失"和"思维停止"则是需要更多的时间与耐心，等到身体进入更加深度的睡眠状态，在感觉神经和运动神经（也就是传入神经和传出神经）完全关闭后，才会发生的现象。

当"身体消失"时，我们便失去了空间感。当"思维停止"时，我们便失去了时间感。当它们同时发生的时候，我们就会产生一种超越时空，仿佛"与天地万物合一"的奇妙感受。至于在这个"天人合一"的境界里，人们会促发出怎样的哲学思考和宗教感悟，比如道家的无为清净，佛家的无常无我，儒家的仁义礼智，等等，实在是仁者见仁，智者见智，超出了本文所讨论的范畴。不过，在我看来，就像上面孔子所说的"同则无好"以及"化则无常"那样，这些思考与感悟之中的绝大部分（如果不是全部的话）并无根本上的矛盾与冲突，即使表面上有所不同，也并不存在正确与错误，或者高深与肤浅的差别。

到了近代，随着西学东渐，西方的学术思想与东方的智慧终于在两个东方人之间发生了碰撞。一个是中国的胡适，他是中国近现代思想史、学术史上的重要人物。胡适一生所涉及的学术领域极为广泛，其中就包括了佛教的禅宗文化。胡适对禅宗研究的贡献集中在两个方面：一是对禅宗历史的考实；二是对禅宗思想的梳寻、归纳。

另一位是日本的铃木大拙，一位把东方"禅"输送到西方的文化传播者。由于他对禅学的宣扬，使得西方世界开始对东方佛教产生兴趣，也刺激了东方人对佛教的再度关注。他对于禅学最大的贡献在于编辑与翻译禅宗著作，并在自己论禅的作品中把禅学与科学、神秘主义相联系，从而激起西方世界对禅学的普遍兴趣，被誉为"世界的禅者"。

在上个世纪，胡适和铃木两个人都是蜚声宇内的禅学大家，在文学和禅学的领域上，两人也是有过很多交集的。但是后来两人却发生了争执，起因是胡适根据自己对禅宗历史的考证，发现禅宗存在普遍的"造假"现象，他说："禅宗呈百分之九十，甚或百分之九十五，都是一团胡说，伪造、诈骗、矫饰和装腔作势。我这些话是说重了，但是这却是我的老实话。"

对于胡适的批评，铃木大拙回应说，胡适只是一个历史学家，他只能从"历史背景"去理解禅，对禅本身则一无所知。铃木强调禅宗史的研究者首先必须对禅学的精神有内在的体会，然后才能对禅宗历史做客观的分析。他说："胡适尽管对历史知道得很多，但他对历史背后的行为者却一无所知，因此他的禅宗史研究也就是将历史拆散之后的'一地碎片'而已。"

在这场持续了很久的辩论里，胡适认为这是"宗教信仰"和"科学方法"的差别，他在晚年致友人的信中解释说："日本的学者大都是徒，他们用'现代科学方法'研究，当然是有限度的，是不完全彻底的。例如我的老朋友铃木大拙，他能批评净土宗，但他对于禅宗的假历史就不能接受我的看法了。"

而另一方面，铃木始终认为胡适并没有参与过禅，所以他不懂禅，因为禅学的要义是："禅的生命始于开悟"；他还认为："在禅宗史上，一定有某种把想象和事实编织在一起的必要性";另外，"悟可以解释为对事物本性的一种直觉的察照，与分析或逻辑的了解完全相反";还有，铃木认为："禅是一种实际的、个人的体验，不是一种可以用分析或比较方法获得的知识。"

从上面的辩论可以看出，与其说这是胡适与铃木之间的碰撞，不如说是西方思想与东方思想之间的碰撞。胡适所代表的西方思想，遵循的是理性与逻辑，分析与比较。他坚持的原则，归根结底就是四个字："拿证据来"。而铃木所捍卫的东方智慧，遵循的是直觉与体验，想象与灵感。在他看来，禅是一种智慧，是解放知性的一种方式，"不说破"对获得这种东方的智慧具有很大的重要意义。

铃木批评胡适不懂禅，说白了就是胡适没有冥想的经验。而胡适批评日本的学者大都是徒，说白了就是虽然他们从冥想的体验中有所感悟，但是并不真正了解这些体验的生物学基础，从而过高地估计了这些体验的神秘性与神圣性，以至不能或者不愿将其中"想象"的成分与"事实"分开。反过来说，但凡胡适有过一些冥想的体验，那么他对禅宗以及禅宗史的看法可能就会大大地改观。另一方面，但凡铃木对冥想的生物学本质有所了解，那么他也就会对禅宗"造假"的历史能够更加坦然地面对。

黑格尔曾说："（西方的）哲学就是哲学史"，或许我们可以武断地说："东方的哲学就是冥想"。这是因为，没有冥想的体验，我们很难真正地理解东方的思想与智慧，至少很难理解它们的来龙去脉。这也正是为什么黑格尔会说："东方的思想必须排除在哲学史以外",因为他实在是找不出东方智慧的源头与脉络。其实,这个源头并非晦涩,亦非神秘,因为它就是坐忘,就是心斋,就是冥想,就是"只管打坐"!

Sometimes people don't want to hear the truth because they don't want their own illusions destroyed.

— Friedrich Nietzsche

有时人们不愿意听见真理，
是因为他们不希望自己的幻想破灭。

— 尼采

第九章 究竟的法门

在前面的《序言》中，我们开宗明义：“这本小册子的主旨在于讨论冥想的本质，并不在于教导冥想的具体方法”。然而，还是不断地有读者询问能否介绍或者推荐一些“好”的冥想方法。仿佛如果缺少了这方面的内容，就使得这本书不够完整一样。我之所以没有打算这样做，是因为——首先，冥想的方法实在是五花八门，琳琅满目，这个话题本身就可以写出好多本书来，并不是用一两篇文章能够说清楚的。其次，关于冥想方法的书籍和文章已经不计其数，汗牛充栋，如果没有更加新颖独特的方法，贸然动笔，那就必然会流于形式地重复前人的归纳和总结。

遗憾的是，至今为止，我还没有发明出任何一种独特的方法来。事实上，即使能够发明出某种独特的方法，似乎也没有这个必要，因为只要仔细地观察那些已经被"发明"出来的方法，我们就不难发现它们的共同特点和终极目标，都是如何能够让我们的身体保持不动。换句话说，保持静止才是冥想的第一要素，而且，这也是冥想的唯一要素，其它所有的方法都是围绕着这个要素展开的。

　　在这些形形色色的冥想方法中，"观呼吸"可能是最简单易学的方法了。然而，即使是如此简单的方法，也存在着许多不同的变种。比如，有人说要观察鼻孔内气流的进出，有人说要观察气流流过人中时的感受，有人说要观察气流在呼吸道内上下的运行，还有人说要观察小腹随着呼吸的一张一弛，等等，不一而足。由此可见，至少对于"观呼吸"这种方法来说，似乎"观察"的具体部位并不十分重要。我甚至可以进一步大胆地猜测，那就是连这个"观察"本身也是可有可无的。也就是说，不管你"观察"什么，或者"观察"与否，都不是终极的目的，而最终的目的无非是为了保持我们的身体不动罢了。

那么，为什么前人还要发明出这么多所谓的"方法"呢？理由很简单，因为如果你告诉别人冥想就是什么都不做，只要保持身体不动就可以了，那么你即使不被看成是骗子，也会被看成是疯子或者傻子。毕竟，对于大多数人来说，一个简单的常识就是，任何成就都是由努力得来的，世界上没有任何一件事情可以通过什么都不做来实现，更何况是如此高深莫测的冥想。还有，即使有人相信了你，又有多少人能够坚持什么都不做，安静地坐在那里呢？你总要告诉他们在坐着的同时，做些什么事情才好。于是，越是复杂高深的"方法"就越能够吸引更多的人。从这一点来看，虽然这些方法都不是"究竟的法门"，但是对于普罗大众来说，它们却是实实在在，不可或缺的"方便法门"。

明白了冥想的"究竟法门"，也就是保持身体的静止，以及从这个"究竟法门"派生出来的各种各样的"方便法门"，许多关于冥想方法的疑问和困惑也就迎刃而解，豁然开朗。比如，一个初学者常见的问题就是，冥想时是否要放空自己，做到什么都不想？答案是否定的，因为不管是想还是不想，抑或是苦思冥想，哪怕是胡思乱想，对于保持身体的静止都没有任何的影响。我们的非意识脑是因为检测不到骨骼肌的运动才开启身体的睡眠模式，并不取决于我们的意识脑是否还醒着，是否还在思考。事实上，随着身体睡眠状态越来越深，大脑中的这些念头也会越来越少，以至于最后达到什么念头都没有了的境界。只不过，这是冥想的结果，而不是冥想的前提，切不可本末倒置。

其实，这种"本末倒置"的例子还有很多。比如，"调息"就是一种经常用到的冥想方法。而所谓的"调息"，就是通过调整呼吸的快慢长短，停顿间隔等等，以达到让呼吸越来越细长均匀，甚至达到让呼吸几近消失停止的状态。另外，一种通过加大存在于胸腔和腹腔之间的横膈膜的上下移动、以减少胸腔的运动来完成的"腹式呼吸"，也经常会用来配合"调息"一同加以练习。实际上，呼吸的这些变化，包括快慢停顿的变化，以及"腹式呼吸"的发生，都是冥想到达一定深度的必然结果，完全没有必要在到达这个阶段之前就提早地加以练习。因为这样的练习，对于冥想的初学者来说往往是一种干扰，如果非要强行练习，很可能最后的结果就是把自己搞得上气不接下气，不得不一切从头再来。

在东方，很多人以为冥想就是要消除杂念，就是要专注，于是不断地强调："专注，专注，专注！"。然而，关注得太过强烈，反而容易令人紧张和疲惫；而在西方，很多人冥想是为了寻找平和与放松，于是不断地强调："放松，放松，放松！"。但是，当你一下子找不到放松的感觉时，焦虑和烦躁反而不请自来。事实上，不论是"专注"还是"放松"，都是冥想的结果，而不是冥想的前提。还有，我们经常听到的"正念"，"临在"，"活在当下"，等等，也都莫非如此。因为，在冥想的最高境界里，我们的思维停止了，自然也就不会回忆过去，也不会想象未来，而此时此刻，我们的意识却十分清醒，注意力也完全集中于眼前的全部感觉与感受之中，也就是完全地活在了当下！

另外，在众多冥想的方法中，还出现了许多通过想象力创造出来的事物，比如"气"，"丹田"，"脉轮"，"经络"，"任督二脉"，"大小周天"，等等。如果单从科学的角度而言，这些大都可以归为"一团胡说"和"伪造"，因为现代的医学已经证实这些事物或者"器官"并不存在。然而，对于那些使用过某些方法，并在冥想中真实地体验到这些事物的人来说，势必会相信"一定有某种把想象和事实编织在一起的必要性"。其实，在很多时候，想象的确是非常必要的，因为它能帮助我们达成事半功倍的效果。比如，凡是学过几何学的朋友都知道，我们经常会使用一些假想的辅助线来证明几何定理。在冥想的领域里，这些想象出来的事物就跟几何学中的辅助线一样，无非是为了帮助我们证悟真理罢了。

值得一提的是，我们在几何证明中，在添加这些辅助线的时候，必须使用虚线加以标明，以区别于那些真实存在的实线。同样道理，我们也应该用相同的态度来对待这些为了某些"方便法门"而想象出来的事物。因为，如果你不愿或者不能加以区别，真的相信了这些想象出来的事物，甚至是相信了那些更加神秘的幻象，比如"天眼"，"前世"，"轮回"，以及各种各样的"神通"或者"特异功能"，等等，轻则可归于"矫饰"和"装腔作势"，重则还可沦为"伪造"甚至"走火入魔"也并非绝无可能。借用一句胡适先生的话，那便是："我这些话是说重了，但是这却是我的老实话"。至于这些幻想和幻象产生的根本原因，无非是我们的神经系统在身体进入睡眠后发生变化的结果。关于这一点，我在前面的文章中已经用了大量的篇幅加以论述，这里就不再重复。

据说，佛陀在弘扬佛法的几十年里，为了能够让佛法利益到每一个人，一共宣讲了八万四千法门，用来对治八万四千种不同的烦恼。对于冥想的方法而言，即使没有这么多种类，也足够每一个人通过不断尝试来找到最适合自己的方法。事实上，这些方法中的绝大部分（如果不是全部的话）并没有好坏的区别，任何能够让我们保持兴趣地坐在那里，或者更准确地说，任何能够让我们保持身体不动的方法都是好的，都可以尝试。因为保持身体的静止，才是冥想最关键的要素，也是冥想唯一的要素。而保持身体的静止，说白了就是什么都不做，如此而已。

出生于乌克兰基辅的美国钢琴家，霍洛维茨，一生获得过二十五个格莱美奖，被认为是史上最伟大的钢琴家之一。他以精湛的技术、音色、以及演出效果而闻名。霍洛维兹经常说："弹钢琴是天底下最简单的事"。尽管这或许只是大师的幽默，不必较真，但是我还是想提出自己的异议。我虽然并不会弹钢琴，自然也不知道弹钢琴这件事到底有多容易，但是，我知道他说的肯定不对，因为冥想才是天底下最简单的事。这倒不是说，在写了几篇文章之后，我已经开始自诩为冥想的大师，而是因为，我实在想不出世界上还有比什么都不做更容易的事情。而冥想恰恰是一件可以什么都不做就能完成的事，而且，它也是只能通过什么都不做才能完成的事。试问，难道天底下还有比这更简单的事吗？如果你已经看到了这里，并且对上面的问题也有了自己的答案，那么还等什么？赶紧开始冥想练习吧。

All of humanity's problems stem from man's inability to sit quietly in a room alone.

— Blaise Pascal

人类不快乐的唯一原因是他不知道
如何一个人安静地呆在房间里。

— 帕斯卡

第十章 技巧与诀窍

前文《究竟的法门》中指出，冥想的"究竟法门"就是保持身体的静止，而其它所有的方法都是围绕着这个"究竟法门"展开的"方便法门"。在各式各样的"方便法门"中，每种方法都有着自己的一套"规范"与"技巧"，无不凝聚着前人的智慧与心血。不过，我今天要讲的技巧，并不是那些"方便法门"中的某种独门绝技，而是针对于"究竟法门"来说的一般性技巧。换句话说，我们要讨论的，就是那些如何让我们能够更好地保持不动，或者如何更长时间保持不动的技巧。

在物理学中，物体的稳定程度叫做稳度。稳度与物体的重心、底座的面积有关。在底面积不变时，重心越低越稳；在重心不变时，底面积越大越稳。当我们静坐时，重心的高度已经确定，于是底面积就成了身体稳度的决定性因素。以盘腿坐为例，最常见的姿势就是散盘，单盘，和双盘。

图一：散盘，单盘，和双盘

所谓双盘，就是把双脚的脚背放到对面的大腿根部，双腿交叉，脚心朝上的坐姿，也叫莲花坐，金刚坐，五心朝天坐，双打膝，双盘腿，等等。双盘坐时双腿相互交叉着压在一起，结构很稳定，不容易晃动。而且，这时我们的两个膝盖是全都着地的，如果将两个膝盖的落地点和臀部的落地点连接起来，就形成了一个接近于正三角形的底座。

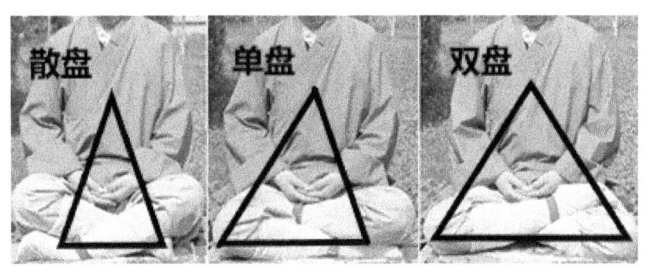

图二：三角形底座俯视图

而在散盘时，我们的双脚着地，两个膝盖则悬在空中。如果将两只脚的落地点和臀部的落地点连接起来，就形成了一个等腰三角形的底座。注意，对于大多数人来说，散盘时着地的双脚一般都落在双盘的正三角形内部，于是散盘所形成的等腰三角形底座，自然也就全部落在了双盘所形成的正三角形的内部。

至于单盘，就是只把一只脚的脚背放到对面的大腿根部，另一只脚则放在地上。也就是说，单盘时我们的一只脚和一个膝盖着地。如果将这只脚的落地点和这个膝盖的落地点，以及臀部的落地点连接起来，你就会得到一个介于双盘的正三角形和散盘的等腰三角形之间的一个普通三角形。

可见，双盘的底面积最大，散盘的底面积最小，而单盘的底面积则介于双盘与散盘之间。换句话说，双盘最稳定，单盘次之，而散盘最不稳定。然而，双盘和单盘对身体柔韧性的要求都比较高，并不适合所有的人。对于那些只能散盘的朋友，不仅底座的面积最小，而且往往是两条腿还完全地悬在空中，极不稳定。不过，一个补救的办法是在双脚和双腿之间左右各夹一个小的海绵块儿，这样就给悬在空中的两腿增加了两个中间支点，从而大大提高了双腿乃至全身的稳定性。

图三：箭头显示放置海绵的位置

除了下身的姿势很关键，上身的姿势也同样重要。比如经常听到的"含胸拔背"，就是一个非常有用的技巧，除了可以增加上身的稳定性，还能够对治打坐中出现得肩酸背痛。所谓"拔背"，就是将背部肌肉群伸张展开，脊柱上下拉长，比较好理解；而"含胸"，则是一个不太容易从字面上理解的词汇。首先，"含胸"肯定不是"挺胸"；其次，"含胸"也不是"驼背"。那么，"含胸"到底是什么呢？其实很简单，"含胸"就是将两侧肩膀微微往前，向里扣的一种姿势，有点像俗称的"端肩膀"。

可能你会觉得这是一种十分奇怪得姿势。实际上，不论是"含胸"还是"拔背"，就像前文中提到的"调息"和"腹式呼吸"一样，都是冥想到达一定深度的必然结果，并非空穴来风，更不是前人靠拍脑袋产生的奇思妙想。那么，既然不论是否有意识地"含胸拔背"，只要冥想积累到一定时间自然都会发生，这岂不是又一个"本末倒置"的例子吗？话虽如此，不过有时候"本末倒置"运用得当，却不无益处。就拿"含胸拔背"来说，就算你还没有在冥想中体验到这种自发的现象，如果你能够在打坐时经常有意识地这样做，对于预防或者减少肩酸背痛都是一剂立竿见影的灵丹妙药。

那么，为什么"含胸拔背"能够解决肩酸背痛的问题呢？原因很简单，之所以在冥想到达一定深度时，会自动出现这种"含胸拔背"的现象，是因为这是一种让我们的上身最为放松的姿势，它和我们睡觉时那种蜷缩的姿态非常接近。这就是为什么大多数人在大多数时候都习惯于侧睡，而不是四脚朝天地仰睡的原因。这也是为什么古人的"卧禅"大多采用侧卧的姿势，而不是仰卧的道理。

另外，静坐时我们一般将双手交叉放在小腹前，抑或是放在双腿或双膝上，而不是将双手放在身体的两侧，都是为了让两个肩膀能够自然地微微往前，向里扣，形成"含胸拔背"的姿态。还有，站桩时我们将双手做抱球状悬在胸前，也是基于同样的理由。总之，"含胸拔背"不仅是静坐的技巧，还是站桩，太极拳，乃至很多武术的要领之一，而这样做的目的无非是让我们的身体，特别是上身，处在一个最自然，最放松，当然也就是最省力的状态。

还有，在前文《一千个小时》中提到的，"短时间，多次数"的冥想练习法，对于初学者来说，无疑是一个实实在在的"不二法门"。然而，对于那些已经坐了上百个小时，有了一定冥想经验的朋友们来说，逐渐延长每次的冥想时间，则是一个提高冥想效率的诀窍。这是因为，我们每次冥想时，都要经过一段"预热期"才能进入到一个比较高的境界。至于这个"预热"的时间到底有多长，每个人在不同的阶段都可能不同。不过，在某个特定的阶段，这个"预热"的时间每次大致都差不多。至于如何确定这个"预热"的时间，除了通过自身的感受来估算个大概，还可以通过智能手表或者智能手环的睡眠监测功能，更准确地加以测量。

比如，你的智能手表可能显示，每次冥想都需要大约二十分钟才能从"浅度睡眠"过渡到"深度睡眠"。这就意味着，如果你每次冥想半个小时，只能得到十分钟的"深度睡眠"；如果你每天早晚各冥想一次，每次半个小时，也只能积累二十分钟的"深度睡眠"；而如果你每次冥想一个小时，即使每天只冥想一次，则能得到四十分钟的"深度睡眠"。换句话说，花了同样的时间，一次冥想一个小时所得到的"深度睡眠"是两次冥想半个小时所能得到的两倍。我们知道，很多研究都表明，"深度睡眠"给我们带来的益处要远远大于"浅度睡眠"，这就是延长冥想时间对于提高冥想效率的秘密。

　　那么，是不是每次冥想的时间越长越好呢？答案是否定的，因为长时间保持任何一种姿势，都可能对我们的身体造成伤害。以难度较高的双盘为例——首先，双盘时髋关节外展外旋，会对髋关节施加破坏性压力；其次，膝关节极度扭曲，极限挤压髌骨，供应膝关节的血管因受压无法对膝关节供血；还有，胫骨外旋，无法外展的膝关节被强行外展，对膝关节造成破坏性的压力；另外，双盘时把脚背放在腿上，踝关节和脚部被强行内翻挤压，伤害踝关节和跖骨；而且，双盘对腿部肌肉血管的挤压，还会阻碍血液循环，减少甚至阻断对腿部关节和肌肉的供血，等等。

和双盘相比，单盘和散盘对身体的压迫要小得多。但是，即使是看上去最"人畜无害"的散盘，也对膝关节有一定程度的扭曲。事实上，只要任何一种姿势对肌肉、血管、关节、骨骼等有某种超出正常的压力，过长时间地保持这种姿势都不是明智之举。那么，如何解决冥想时间和冥想效果之间的这个矛盾呢？答案很简单，那就是要不断尝试各种不同的方法，经常变换冥想的姿势才行。除了坐着冥想，我们还可以站着冥想，躺着冥想，甚至跪着冥想。即使是坐着冥想，也不一定非要盘腿坐在地上，还可以更加舒适地坐着椅子上，坐在沙发里，等等。另外，除了在静止中冥想，我们还可以在运动中冥想。而尝试这些不同方法的最终目的，就是要把冥想彻底地融入到日常生活中去，做到随时随地冥想，见缝插针地冥想，各种姿势地冥想，也就是所谓的"行住坐卧皆是禅"。

　　或许你会觉得这是一个很难达到的境界。然而，如果你真的理解了冥想的本质，也就是在保持意识清醒的情况下，让身体进入睡眠，而让身体进入睡眠的唯一方法就是保持不动，那么，你就会发现这并非是一个无法完成的任务。因为不论你在何时何地，也不论你采用何种姿势，只要你能够保持静止，都是冥想。事实上，就连匀速直线运动，抑或是缓慢的非匀速运动，也都可以是冥想，都能够让我们的心进入那个平和安定的状态。正所谓："那伽常在定，无有不定时"，这才是冥想的最高境界，因为冥想并不是为了追求那些奇幻的感受，甚至也不是为了追求那个所谓的"天人合一"，而是让我们的心能够时时刻刻地安住在每一个美好且永恒的瞬间。

最后，让我们用一段有趣的"公案"来结束这个话题。从前有两个烟鬼相约去参加一位大师的禅修班，他们都想知道冥想的时候能不能抽烟。其中一个烟鬼来到大师面前，毕恭毕敬地问道："大师，请问冥想的时候，能不能抽烟？"。大师回答道："当然不行，冥想要专注，岂能一心二用？"。这个烟鬼回来如实地把大师的回答告诉了另一个烟鬼。另一个烟鬼不死心，想了几天，终于想出一个主意，于是也跑到大师的面前，毕恭毕敬地问道："大师，请问抽烟的时候，能不能冥想？"。大师回答道："当然可以，如果连抽烟的时候都在修行，实在是功德无量的修行啊！"。

Plato is my friend; Aristotle is my friend, but my greatest friend is truth.

— Isaac Newton

柏拉图是我的朋友，
亚里士多德是我的朋友，
但真理是我最好的朋友。

— 牛顿

附录
冥想的科学演讲

大家好！首先，我想感谢波士顿清华校友会的全体成员。感谢他们为广大校友提供了一个这么好的交流平台（TAB Talks）。也感谢他们给我本人提供了一个这么难得的机会，让我把自己在冥想方面的一点体验和"发现"与各位校友分享。最后，我还要感谢今天来参加这个讲座的每一位朋友，谢谢大家的捧场！

我是清华力学系八九级的校友。今天的话题叫作"冥想的科学"，这也是我写的一本书的名字。这本书可以在亚马逊上买到，也可以在网上免费阅读和收听。我会把免费阅读和收听这本书的全部链接在讲座结束后发到校友群里，供大家参考。

"冥想的科学"，听起来好像非常高大上的理论。实际上，一会儿大家就会看到，这是一个简单得不能再简单的"理论"。不过，我猜大家现在心里想的倒不是什么"冥想的科学"，而是为什么一个力学系的同学会对冥想感兴趣，而且还写了一本书，难道这不是心理系或者生物系的同学应该研究的课题吗？对于这个疑问，我想从以下两个方面来回答。

第一，相信大家都会承认，冥想是一个跨学科的话题。它涉及的领域非常广泛，包括心理学，生物学，神经科学，认知科学，甚至是哲学，以及宗教，等等。不过感觉上，似乎冥想和力学还是不太沾边儿！但是，如果你听完今天的讲座，你可能就会对这个认知有一个颠覆性的改变。没错，冥想不仅与力学有关，而且还有相当大的关系。我们甚至可以从力学定律中推导出关于冥想的很多非常有趣，同时也是让你意想不到的结论！所以，请大家一定要保持耐心听到最后。

第二，我想请大家思考一个问题，那就是：我们对于外界的认知，都有哪些途径？在我看来，人类对于这个世界的认知，大致通过两种途径：一种是通过感官的体验，另一种是通过大脑的逻辑与推理。比如，我们对颜色的认知就是一种视觉的体验。如果让你发明一种"方法"或者"理论"，用来向一个天生的盲人解释什么是红色或者蓝色，你就会知道这是一件多么困难的事情。

又比如，爱因斯坦发现相对论靠的就是纯粹的逻辑与推理，全部过程都在大脑中实现，甚至不需要做任何的科学实验，当然也就不用花一分钱的"科研费"。不仅如此，爱因斯坦在1916年还根据广义相对论预言了引力波的存在。这个完全依靠人类的大脑想象出来的事物，直到九十九年后的2015年，才被一些科学家利用引力波探测器直接观察到。为此，他们还获得了2017年的诺贝尔物理学奖。

那么，如果想要真正地了解冥想到底是什么，我们需要的是通过亲自体验，还是通过逻辑推理就可以了呢？我认为，冥想首先是一种个人的体验，而不是一种可以用逻辑推理获得的知识。换句话说，拥有心理学和生物学等等这些专业知识固然没有坏处，但是对于理解冥想却并不是最关键的。最关键的就是要亲自冥想，亲自体验！

由此可见，假如你对冥想不曾有过任何实际的体验，那么，即使是再简单，再完美的"理论"，对于帮助你理解什么是冥想也是杯水车薪。就好比给一个天生的盲人灌输三原色的理论，或者给他讲解光的色散实验一样困难。所以，在讨论冥想的种种"理论"之前，不如让我们先一起冥想一分钟……

不知道大家在刚才的冥想中有什么感觉？如果你在刚才的冥想中没有任何感觉，非常正常。因为对于初学者来说，冥想有一个相当长的学习曲线（Learning Curve）。如果在刚才的冥想中发生了一些特别的现象，比如，打哈欠，流眼泪，昏昏欲睡，各种痒痒，等等。这些都是好现象，因为不管是好的感觉还是不好的感觉，只要是和平时不一样的感觉，就说明你已经进入了一个与平时不一样的状态，也就是冥想的状态！

那么，冥想到底是什么呢？或者说，我们通过冥想要达到什么样的目标呢？我们知道，大多数人每天只有两种状态，要么醒着，要么睡着。其实，在这两者之间，还存在着第三种状态，那就是，在保持意识清醒的情况下，让身体进入睡眠。这就是冥想所要达到的目标，也就是冥想的生物学本质！换句话说，冥想就是睡觉，只不过是醒着的睡觉，是有意识地睡觉。

认识到冥想的本质，也就是在保持意识清醒的情况下，让身体进入睡眠，我们就可以很好地解释那些在冥想中产生的各种各样的奇幻感受的由来。那就是，冥想中的所有感受，无非是我们的身体在进入睡眠之后发生变化的结果。虽然这些身体的变化每天晚上都在发生，但是由于我们在睡着之后就丧失了意识，因此也就从未察觉到，以致错过了一个又一个美妙的时刻。听到这里，你可能要问：难道我们的意识和身体不是同时入睡，同时醒来的吗？如果这个不同步的现象真的能够发生的话，能否举出一两个例子来呢？

的确，在通常情况下，我们的意识和身体是同时入睡和同时醒来的。不过，在某些特殊的情况下，它们还真的可能会出现不同步的状态。比如，有人在睡觉的时候做了噩梦，可能让他在某个时刻惊醒过来，而这时恰好意识醒了，但肌肉仍处于"睡眠"的状态，身体就会动弹不得，感觉像是有肉眼看不到的东西在压着你一样。这也就是俗称的"鬼压床"，在医学上又被称为"睡眠瘫痪"。

可见，如果在不经意中进入到这种不同步的状态，而进入后我们又无法随心所欲地回到同步的状态，这就是疾病。而通过某种训练，我们不仅能够随心所欲地进入这种不同步的状态，还能够随时从不同步的状态回到同步的状态，这就是冥想。那么，我们又是如何训练自己进入冥想的呢？

在经过一段时间的静坐练习之后，很多人都会逐渐地感觉到四肢越来越沉重，越来越僵硬，以致最后动弹不得，好像"瘫痪"了一样，这就表明你已经成功地在保持意识清醒的情况下让身体进入了睡眠状态，也就是冥想的状态。不过，很多人即使能够做到这一点，却并不知道自己是如何做到的。其实很简单，就像那些智能手表和智能手环，能够准确地知道我们什么时间入睡，什么时间醒来，是因为它们装有一个运动传感器，当超过一段时间没有感知手臂的运动，就可以判定主人已经睡着了。

同样道理，我们的身体中也有很多这样的"传感器"。当我们静坐冥想时，全身保持不动，只要练习的次数足够多，累计的时间足够久，身体中的传感器检测不到肌肉的运动，就会误以为我们已经入睡，于是便开启了一个"保护机制"，给骨骼肌发出"瘫痪"的指令。至于为什么会有这样一个"保护机制"，一个合理的解释就是为了防止我们做梦的时候，四肢的运动可能会对自己和他人造成伤害。这就是为什么我们在梦中总是感觉手无缚鸡之力，打不过对手;或者在被敌人追赶的时候，总是感觉两腿沉重，跑不快的原因。当然，这也是"鬼压床"能够发生的最根本的原因。

　　从以上的分析我们可以清楚地看到，为什么保持身体的静止是冥想练习的第一要素(如果还有其它要素的话)。这也是为什么双盘好于单盘，单盘又好于散盘的原因。因为双盘最稳定，而散盘最不稳定。不过，对于那些只能散盘的朋友，可以在双脚和双腿之间左右各夹一个小的海绵块儿，这样就给悬在空中的两腿增加了两个中间支点，从而大大提高了双腿乃至全身的稳定性。

总而言之，保持静止是冥想的第一要素，而且，这也是冥想的唯一要素。认识到这一点，我们就不难运用简单的逻辑推理，得出更加普遍性的结论，那就是：但凡通过保持身体不动来实现的人类活动，在本质上都是冥想！一个常见的例子就是"站桩"。实际上，"站桩"就是站着的冥想。另外，还有气功中的各种"静功"，包括通过调整呼吸的方法来进行的"吐纳"和"行气"等等，都是冥想。尽管表面上看起来千差万别，有的站着，有的坐着，还有的躺着，内在的关注点也各有不同，但是在本质上都是通过保持身体的静止，让身体进入睡眠，也就是进入冥想！

不过，虽然大部分的冥想方法是通过保持身体不动来实现的，但还是存在一些非常特殊的方法，恰恰是通过身体的运动来实现冥想的。比如，除了"坐禅"（也就是静坐），佛家的修行者通常还会选择一块露天的空地，一心专注毫无杂念，以非常缓慢的步伐来回走直线，叫做"行禅"。实际上，步伐的缓慢并不是必须的，因为一些有经验的"行禅"者，即使通过较快的速度来回走动甚至跑动，也可以达到同样的效果。也就是说，速度的快慢并不是"行禅"的关键，"匀速"和"直线"才是"行禅"的诀窍。那么，这种"匀速直线"的运动和"静止"又有什么联系呢？

牛顿第一定律告诉我们：当一个物体不受外力时，它会保持静止或者匀速直线运动。而牛顿第二定律告诉我们：不受外力的物体没有加速度。由此可见，静止以及匀速直线运动的共同特点就是加速度都等于零。反过来说，其它形式的运动（也就是非直线运动和非匀速直线运动）的加速度都不等于零。

前面提到的在我们身体中的那些"传感器"，就像智能手表和智能手环里面的"传感器"一样，实际上并不是"速度传感器"，而是"加速度传感器"。也就是说，我们的身体并不能感知速度，我们能够感知的只是速度的变化，也就是加速度！

这就解释了为什么像"行禅"这样的匀速直线运动，和保持身体静止有着相同的效用，都能够让我们的大脑（确切地说是非意识脑）因为检测不到肌肉的"加速度"而误以为我们已经入睡，从而开启了身体的睡眠状态，也就是冥想状态！至于什么是意识脑，什么又是非意识脑，我在《冥想的科学》一书中有较为详细的解释，这里就不再深入，请大家自行移步观看。

如果听到这里，你已经感到有点小意外，小惊喜，那么，请继续听下去，还有更让你意想不到的。其实，我们身体中的"传感器"也并非想象中那么敏感。这就意味着，只要我们把身体运动的加速度控制在一个较小的范围内，即使是非直线运动或者是非匀速直线运动，也可能让我们的非意识脑因为检测不到足够的"加速度"而误以为我们已经入睡。从而开启了身体的睡眠状态，也就是冥想状态！

那么问题来了，如何将身体运动的加速度控制在一个较小的范围内呢？一个简单的办法就是将身体的运动速度慢下来，这样就比较容易把速度的变化（也就是加速度）控制在一个较小的范围内。既然只要将身体的运动速度慢下来，就能降低加速度，从而进入冥想，下面问题又来了，有没有什么"通过慢动作来实现的人类活动"呢？如果有，那么十有八九它们就是冥想。

当然有！比如，"太极拳"就是一个完美的例子。"太极拳"的一招一式大多来自中国武术的动作，然而，它与一般武术最大的区别就在于速度的不同。也正因如此，尽管这些动作大多是非直线运动，但是由于每个动作的速度缓慢均匀，以及动作之间不加停顿，如行云流水般的连贯自如，使得整个过程中的加速度几乎可以忽略不记。

除了太极拳，还有没有其它"通过慢动作来实现的人类活动"的例子呢？有的！比如，在气功的各种"动功"中，大部分（如果不是全部的话）也是采用非常和缓的慢动作，都是基于同样的原理。也就是说，不管是"太极拳"还是"气功"，只要我们能够真正地做到"慢练"，都能够达到冥想的效果。或者更加直白地讲，"太极拳"和"气功"在本质上都是冥想！怎么样，意不意外，惊不惊喜？我希望大家听到这里，能够或多或少地消除掉一些对冥想与力学关系的怀疑。

前面我们讲了冥想是什么，以及如何进入冥想。下面，就让我们看看冥想中的那些奇幻感受到底是如何产生的。前面提到，冥想中的所有感受，都是我们的身体在进入睡眠之后发生变化的结果。那么，我们在冥想中，身体内部到底发生了哪些变化呢？我们知道，冥想就是睡觉，所以要回答这个问题，只要看看我们在睡眠中，身体发生了哪些变化就可以了。

睡眠科学告诉我们，首先，入睡后，我们的骨骼肌进入了"瘫痪"的状态。对于这一点，我们在前面已经做了较为详细的论述。另外，睡眠科学还告诉我们，随着睡眠的不断深入，全身的肌肉也会越来越放松，最后达到完全放松的状态。这种全身放松的感觉可能是任何一个按摩师都无法给你的，只可惜这时的我们已经在睡眠中失去了意识，并不能体验到全身放松到底是一个什么样的滋味。

遗憾的是，这种睡眠中完全放松的状态是我们在清醒状态下难以达到的。不过，幸运的是，美国的埃德蒙·雅各布医生(Doctor Edmund Jacobson)发明了一种渐进式肌肉放松法，这种方法让我们在清醒的时候就能够体验到肌肉放松的感觉。比如，将拳头用力握紧并保持十秒钟左右，然后迅速松开，你就会感受到手部肌肉放松时那种酸麻震动的感觉。除了手部的肌肉，雅各布医生还发明了一系列的动作来让人们体验全身各个不同部位肌肉放松的感觉。

渐进式肌肉放松法虽然好，但是它只能让我们同时体验一两个肌肉群的放松。如果想要体验全身肌肉同时放松，那就不得不借助冥想来实现了。另外，通过这种方法让我们体验肌肉放松的时间也非常有限，通常每个动作之后的酸麻震动不会超过半分钟。而通过冥想，我们却可以大大增加这种体验的时间，甚至可以达到想要体验多久就能体验多久的理想状态。

在长时间的冥想练习后，我们偶尔会在身体的某个部位或者某些部位感受到酸麻震动，类似电流流过的奇妙体验，这就是肌肉得到放松的表现。如果这样继续练习下去，总有一天会出现从头到脚，全身酸麻，全身共振的神奇现象。这就是我们通过冥想能够达到的第一个目标：全身肌肉放松。

如果我们把这个目标（全身肌肉放松）作为冥想的入门标准，那么问题来了：要练习冥想多久才能入门呢？这是一个非常好的问题，也是一个不能回避的问题，因为冥想入门的时间实在是太长，以至于大多数的人在到达这个门槛之前就放弃了。因此，搞清楚冥想入门所必须的时间，哪怕只是一个大概的范围，对于我们增加信心，放松心态，都是十分有益的。

为此，我在《冥想的科学》这本书里用了整整一个章节的内容来讨论这个话题，这里就不再赘述，请大家自行移步观看。唯一可以剧透的就是这篇文章的题目，叫做《一千个小时》，我想大家也能够从这个题目中猜出一二了吧。

事实上，在入睡后，我们的身体内部发生着非常复杂的变化：心率下降，血压变低，呼吸趋缓，四肢"瘫痪"，全身肌肉放松，生长激素分泌，皮肤细胞更新，免疫细胞修复，记忆的分析和整理，等等举不胜收。由此可见，全身肌肉放松只是入睡后身体众多变化中的一项而已！这也是渐进式肌肉放松法无法与冥想比拟的根本所在！

另外，在入睡后，我们的大脑（确切地说是非意识脑）便开始逐渐关闭动物神经，也就是运动神经和感觉神经，并抑制植物神经中的交感神经，同时激发植物神经中的副交感神经，最终使得我们的身体进入完全彻底的睡眠状态。而冥想就是睡觉，因此以上所有这些变化在冥想中都会发生。这也正是为什么我们在冥想的过程中，会体验到各式各样奇幻感受的根本的原因。

前面我们讲了冥想是什么，以及如何进入冥想，还有冥想中的奇幻感受的由来。下面，让我们进入今天最后一个重要的话题，那就是为什么要冥想。难道冥想仅仅是为了追求上面提到的那些奇幻的感受吗？如果不是，冥想还能给我们的身心带来哪些好处呢？

我们已经知道，冥想的第一个目标就是让全身放松。这种全身放松的感觉真是棒极了，然而更棒的是，在我们身体放松的同时，大脑也得到了极大的放松，暂时从大大小小的焦虑中解脱了出来。用雅各布医生自己的话来说，那就是："焦虑的头脑无法存在于放松的身体之中"，这也是他创立渐进式肌肉放松法的理念与初衷。因为他发现他的焦虑症病人都有一个共同的特点，那就是他们身体总是保持在一种紧张的状态。

实际上，越来越多的研究表明，人的焦虑并不是直接在脑子里产生的，而是由身体的紧张引起的。换句话说，当有外部事物发生时，最先对其发生反应的是我们的身体，而随之而来的各种情绪则是由于这些身体的变化引起的。总之，通过放松身体来放松大脑，减少焦虑，这就是冥想在心理上给我们带来的最大的好处！为此，我在书中《情绪的空间》一章里，非常详细地讨论了这个话题，这里就不再多说，请大家自行移步观看。

另外，既然冥想的本质就是睡觉，那么，冥想在生理上给我们带来的最大的好处是什么呢？就是延长睡眠的时间！下面问题来了，睡眠的长短到底对我们有多大影响呢？首先，对比实验发现，一个睡眠不足的人，他（或她）的记忆力要比一个睡眠充足的人下降百分之四十。

原因在于，大脑会把接收到的信息首先记录在一对容积较小的海马体内，然后才把这些信息转移到容积较大的大脑皮层并永久性地保存下来。不过，这个转移的过程不是立即，而是延迟发生的，因为它必须发生在睡眠中。在知识爆炸的今天，我们每天都在接收大量的信息，如果晚上没有足够的睡眠时间让大脑来完成这些信息的转移和保存，并清空海马体，不但会造成某些重要信息的丢失，还会使得海马体内的陈旧信息越积越多，最终导致无法接受更多的资讯。

另外，充足的睡眠还会让我们的心血管更加强健。一个有力的证据就是每年夏令时开始的第一天，仅仅由于少了一个小时的睡眠时间，医院的心脏病收治人数就会猛增百分之二十四；而在夏令时结束后的第一天，仅仅由于多了一个小时的睡眠时间，心脏病收治人数就会下降百分之二十一，实在是不可思议。不仅如此，在交通事故率，甚至是自杀率的数据上我们也会看到同样的曲线，不得不令人深省。

睡眠不仅对于记忆力和判断力，对于心血管起着重要的作用，它对于保持人体的免疫力，预防各种各样疾病包括癌症也是至关重要的。特别是阿兹海默症，也就是俗称的老年痴呆，我们一般会认为这种疾病与年龄相关。然而，我们似乎忽略了另一个事实，那就是睡眠的长短也与年龄相关。只不过，前者是正相关，而后者是负相关。

换句话说，如果我们能够找到一种方法来延长睡眠的时间，那就很有可能成为预防阿兹海默症的一剂灵丹妙药。目前，延长睡眠的方法有很多种，最常见的就是使用安眠药和褪黑素。不过，这些药物的缺点也很明显，那就是在增加睡眠时间的同时，反而缩小了深度睡眠的比例，也就是降低了睡眠的质量。

那么，有没有两全其美的方法呢？答案是有的，这个方法就是冥想，因为冥想就是睡觉，而且是最自然，最高质的睡觉！特别是对于有睡眠困难的朋友，当躺在床上失眠的时候，你就可以尽量保持不动，让身体进入睡眠，这样即使大脑一个晚上都没有入睡，但是一点也不会影响第二天正常的学习和工作。换句话说，学会了冥想，你就再也不用担心失眠，因为冥想就是睡觉，学会了冥想就是"重新"学会了睡觉！

关于充足的睡眠对人体的重要性，以及冥想如何能够帮助我们弥补大多数现代人习以为常的睡眠不足，我在书中《睡觉的能力》一章里，详细地讨论了这个话题，这里就不再赘述，请大家自行移步观看。

总结以上内容，我们首先讨论了冥想是什么，也就是冥想的生物学本质，即在保持意识清醒的情况下让身体进入睡眠。之后，我们讨论了如何进入冥想，那就是通过保持静止，或者通过匀速直线运动，甚至通过缓慢的非直线运动以及非匀速直线运动，都可以进入冥想。

另外，我们还讨论了冥想中各种奇幻感受的由来，那就是所有这些感受，都是我们的身体在进入睡眠之后发生变化的结果。最后，我们从心理和生理两个角度讨论了冥想给我们带来的益处，也就是为什么要冥想。

听到这里，今天的讲座也就要结束了。其实，关于冥想的话题还有很多很多。比如冥想与哲学，冥想与宗教，以及冥想与中医，与特异功能，等等，都是非常有趣和有价值的话题。但是由于时间关系，我们不得不在此暂时告一段落。如果你想进一步了解有关这些话题的讨论，请务必移步观看我的《冥想的科学》一书。需要再次强调的是，大家不必购买就可以观看，因为这本书的全部内容都可以在网上免费地阅读或者收听。最后，让我们再一起冥想三分钟……

联系作者:

weishan.xia@gmail.com

Milton Keynes UK
Ingram Content Group UK Ltd.
UKHW020800080823
426520UK00015B/646